COLLECTION F. Mallet / Frédéric

LITHOGRAPHIES

ALBUMS & RECUEILS

LIVRES ILLUSTRÉS

AVRIL 1902

Mᵉ Paul CHEVALLIER
Commissaire-Priseur

M. Paul ROBLIN
Expert

n° 47 } finale
   48 }

n° 290 } ambul.
   300 }

3:9

COLLECTION F. M...

LITHOGRAPHIES
ALBUMS & RECUEILS
LIVRES ILLUSTRÉS

CATALOGUE
DE LITHOGRAPHIES
de l'Époque Romantique (1815-1860)

CARICATURES, MODES, COSTUMES
PORTRAITS
PIÈCES SUR LES SPORTS
FIGURES D'ANIMAUX
ALBUMS ET RECUEILS

Œuvres de

ADAM, ALKEN, BARYE, BELLANGÉ, BOILLY, BONINGTON, BOUCHOT,
CHAM, CHARLET, DELACROIX, DEVÉRIA, DORÉ, FIELDING,
GAVARNI, GÉRICAULT, GRÉVEDON, GIGOUX,
GRANDVILLE, GRENIER, ISABEY, Eug. LAMI, LE PRINCE, LŒILLOT,
MADOU, MONNIER, MÖRNER, RAFFET, SWEBACH,
H. VERNET, etc.

LIVRES ILLUSTRÉS FRANÇAIS & ANGLAIS

COMPOSANT

La Collection de M. F. M...

ET DONT LA VENTE AUX ENCHÈRES PUBLIQUES AURA LIEU

Hôtel des Commissaires-Priseurs, rue Drouot, N° 9

SALLE N° 8

Les Lundi 21 et Mardi 22 Avril 1902

A DEUX HEURES.

Par le ministère de M° **PAUL CHEVALLIER**, Commissaire-Priseur
10, Rue Grange-Batelière, 10

Assisté de M. **PAUL ROBLIN**, Marchand d'Estampes
65, Rue St-Lazare, 65

PARIS — 1902

CONDITIONS DE LA VENTE

Elle sera faite au comptant.

Les Acquéreurs paieront *dix pour cent* en sus des prix d'adjudication.

M. P. Roblin se réserve la faculté de diviser ou de rassembler les lots.

MM. les Amateurs pourront visiter les lithographies, 65, rue Saint-Lazare, du Lundi 14 au Vendredi 18 Avril 1902.

ORDRE DES VACATIONS

Lundi 21 Avril 1902.	Lithographies	Nos 1 à 231.
Mardi 22 Avril 1902.	Lithographies	Nos 232 à 358.
— —	Gravures encadrées . .	Nos 359 à 379.
— —	Livres et Recueils . . .	Nos 380 à 464.

DÉSIGNATION

ADAM (Albert).

1. **Tribulations parisiennes et campagnardes.** Suite de un titre et seize lithographies de plusieurs sujets à la feuille. *Paris, Hautecœur, s. d., in-4 cart.*

    Très belles épreuves, grandes marges avec la couverture illustrée de publication.

ADAM (Victor)

2. **Album de Sainte-Pélagie,** prison pour dette. Suite de douze lithographies en larg. avec texte explicatif. *Paris, V. Morlot, s. d., in-4 cart.*

    Très belles épreuves, grandes marges.

3. **Fêtes des environs de Paris.** Suite de douze sujets en larg. *Publié par Vallée, Paris, 1830, in-4 obl. cart.*

    Très belles épreuves coloriées, à grandes marges, avec la couverture illustrée de publication.

4. **Promenades dans Paris.** 1re et 2e séries. Suite de vingt-quatre lithographies en larg. *Paris, Giraldon-Bovinet, 1830, in-4 cart.*

    Très belles épreuves coloriées avec la couverture illustrée de publication, grandes marges.

5. **Funérailles de l'Empereur Napoléon.** Ouvrage dédié à son A. R. le Prince de Joinville. Suite de douze lithographies en larg. par plusieurs artistes. *Paris, chez Jeannin, s. d., pet. in-fol. en larg. cart.*

    Très belles épreuves coloriées, grandes marges, avec la couverture illustrée de publication.

ADAM (Victor)

6. **Histoire de Napoléon.** Suite de trente sujets en largeur, cart.

    Belles épreuves.

7. **Panidochême** (sic), ou toutes sortes de voitures, par V. Adam, 1828. Suite de trente-six lithographies. *Imprimé et publié par Ch. Motte*, in-4 obl., cart.

    Très belles épreuves coloriées, grandes marges, avec deux couvertures illustrées de livraisons. Rare.

8. **Scènes de chasses** en six tableaux : 1° Chasse au tigre ; 2° Chasse au loup ; 3° Chasse au héron ; 4° Chasse au renard ; 5° Chasse au cerf ; 6° Chasse à la bécasse. Dessinés par Viard, et les figures par V. Adam, in-4 en larg., cart.

    Très belles épreuves coloriées, grandes marges.

9. **Scènes militaires.** (Les Cent Jours). Suite de six lithographies en larg., in-4 cart.

    Très belles épreuves coloriées avec une couverture illustrée, grandes marges.

10. **Scènes militaires.** Les Cent Jours. Suite de six lithographies en larg. — **Sujets et scènes militaires** Suite de huit lithographies en larg., ensemble 14 p. in-4 cart.

    Très belles épreuves coloriées, grandes marges.

11. **Sujets divers.** Voitures Françaises, 4 p. — Accidents de l'équitation et des voitures, 2 p. — Les plaisirs de l'équitation, 1 p. — Croquis de chasse et de course, 1 p. — Les exercices de Franconi, 1 p. — Souvenirs de chasse, 1 p. — Petits croquis de chasse, 2 p. — Cris de Paris et mœurs populaires, 1 p. — Le Déplaisir de la Pêche, 1 p. Ensemble quatorze planches à plusieurs sujets, pet. in-fol. cart.

    Très belles épreuves coloriées. Marges.

ALKEN (Henry)

12. **Characteristic Sketches**, of shooting with humours of Cockney Sporting. Suite de douze pièces en larg. *London, publ. by J. Dickinson 1826*, in-4 obl. cart.

    Très belles épreuves avec la couverture de publication.

ALKEN (Henry)

13. **Symptoms**. Suite de vingt-une pièces de plusieurs sujets à la feuille. *Londres, Thomas Mc Lean*, 1822, in-4 obl. cart.

    Très belles épreuves en couleur, petites marges.

BAPTISTE

14. **Scènes populaires**, dessinées d'après nature. Suite de huit lithographies en larg. *Paris, chez Jeannin*, s. d., in-4 cart. de l'éditeur.

    Belles épreuves avec la couverture conservée.

BARYE

15. Etude de chats. — Etude de tigre. — Lion de Perse. Trois lithographies.

    Belles épreuves, marges.

BELLANGÉ (Hte).

16. **Album lithographique** 1827. Suite de douze lithographies en larg. représentant les batailles de la Révolution et de l'Empire. *Paris, Gihaut*, in-4 obl. cart.

    Belles épreuves coloriées, grandes marges, avec la couverture de publication.

17. **Album lithographique** 1829. Suite de douze lithographies, in-4, rel. bas.

    Très belles épreuves à toutes marges.

18. **Album lithographique** 1833. Suite de douze lithographies in-4, rel. bas.

    Très belles épreuves à toutes marges.

19. **Fantaisies**. Suite de cinquante lithographies en larg. de plusieurs sujets à la feuille. *Paris, chez Philippon*, s. d., in-4 obl. cart.

    Belles épreuves, grandes marges, avec la couverture de publication.

20. Montereau, lithog. en larg. avec croquis dans le bas de la marge.

    Superbe épreuve, rare et inédite.

BOILLY (Louis).

21. Quatre portraits différents de l'artiste sur la même feuille, 1832
Très belle épreuve avant la lettre à toutes marges.

22. Le Bon ménage. — Les Epoux heureux. — L'Effet du Mélodrame. — A la santé du Roi! Quatre lithographies in-fol.
Belles épreuves à toutes marges.

23. Intérieur d'un café. — La dernière dent. — Embrasse-moi ma sœur. — L'Economie politique. Quatre lithographies in-fol.
Belles épreuves, deux sont sur papier de Chine.

24. Le Jeu de cartes. — Le Jeu de dames. — Le Jeu de domino. — Le Jeu des échecs. — La partie de piquet. — Les Joueurs de cartes. — Le Jeu de billes. Sept lithographies.
Belles épreuves. Deux sont coloriées.

25. Le Départ. — Le Retour. — La petite Famille. — Monsieur! c'est-y ça que vous cherchez! — Il y a plus malheureux que moi. — Le Tondeur de chiens. — Les Grimaces. — Les Fumeurs. — Les Commissionnaires. — Le Coup de peigne. — La Chiffonnière. — Le Mendiant. — La Vielleuse. — La Bonne aventure, etc. Vingt et une lithographies in-4.
Très belles épreuves coloriées, grandes marges.

26. Les Grimaces. — ...Et l'Ogre l'a mangé. — La Bonne nouvelle. — La Mauvaise nouvelle. — Le Mendiant. — Ah les méchants enfants. — Vous serez heureux en ménage. — La première dent. Quinze lithographies.
Belles épreuves.

BOILLY (d'après L.)

27. Les hommes se disputent. — Les femmes se battent. Deux pièces faisant pendants, gravées à la manière noire par Chaponnier.
Très belles épreuves, marges.

BOILLY (d'après L.)

28. 1re Scène de voleurs. — IIe Scène de voleurs. Deux pièces faisant pendants, gravées à la manière noire par Gror.

   Très belles épreuves, à toutes marges.

BOILLY (Jules).

29. **Au Diable l'Album.** Douze planches, 1832. *A Paris, chez E. Ardit*, in-4 obl. cart.

   Très belles épreuves coloriées à toutes marges, avec la couverture illustrée de publication.

BONINGTON (R. P.).

30. Rue du Gros Horloge à Rouen 1824. (H. B. 1).

   Très belle épreuve sur papier de Chine à toutes marges.

31. Vue générale de l'Eglise de Saint-Gervais et Saint-Protais à Gisors (2). — Tour du Gros Horloge à Evreux (4). — Pesnes (6). Trois lithographies.

   Belles épreuves sur papier de Chine, à toutes marges.

32. Façade de l'Eglise de Brou (8). — Tombeau de Marguerite de Bourbon dans l'église de Brou (9). — Vue générale des ruines du château d'Arlay (10). — Ruines du château d'Arlay (11) — Pierre de Vaivre (12). — Vue d'une rue du faubourg de Besançon (14). Six lithographies.

   Très belles épreuves sur papier de Chine, à toutes marges.

33. La Tour du marché de Bergues (17). — Maison Grande rue St-Pierre à Caen (19). — Cathédrale Notre-Dame à Rouen (21). — Entrée de la salle des Pas-Perdus du Palais de Justice de Rouen (24). — Fontaine de la Crosse à Rouen (25). Cinq lithographies.

   Belles épreuves à toutes marges.

BOUCHOT

34. **Ce que Parler veut dire.** Suite de trente lithographies. *A Paris chez Aubert*, in-4 cart.

    Très belles épreuves coloriées. Marges.

35. **Les Débiteurs et les Créanciers.** Suite de douze lithographies in-4 cart. de l'éditeur.

    Belles épreuves coloriées, à la fin se trouve relié le catalogue complet de Aubert et Cie, éditeurs.

36. **Tribulations de la Garde Nationale.** Suite de vingt-sept lithographies. *A Paris, chez Aubert, s. d.*, in-4 cart.

    Très belles épreuves coloriées. Grandes marges.

BODMER (Karl)

37. Harde de biches, la nuit. — Au bord de l'eau. — Le Bas-Bréau, etc. Cinq lithographies.

    Très belles épreuves. Deux sont avant toutes lettres.

CHAM

38. **A la guerre comme à la guerre.** Suite de trente lithographies en larg. in-4, cart. de l'éditeur.

    Belles épreuves coloriées.

39. **Ah quel plaisir de voyager.** Suite de vingt lithographies, in-4 cart. de l'éditeur.

    Belles épreuves.

40. **En Italie.** Album de trente lithographies in-4. *En vente au bureau du Charivari, s. d.*, cart.

    Belles épreuves coloriées. (Le titre a un coin enlevé).

CHARLET

41. **Portraits de Charlet :** 1° Dessiné et lithographié par L. Dupré (catalogue de la Combe. C.). — 2° D'après le buste en marbre d'Etex. — 3° Allégorie par H. Bellangé, 30 déc. 1845. — 4° Portrait-charge par Deveria. Quatre lithographies in-4 et in-fol.

    Belles épreuves sur papier de Chine.

CHARLET

42. **Portraits.** *Odry.* Rôle de Beldame (3). — Portrait en buste de M. *Canon* (4 R.). — Portrait en buste du maître de classe des enfants de Charlet (5RR). —*Orléans* (Ferdinand duc d') (7). — *Napoléon* (Louis) (8). Cinq portraits in-4.

    Très belles épreuves. Deux sont sur papier de Chine.

43. *Napoléon* au Bivouac (9 R.). — *Napoléon* à Iéna (10). Deux portraits in-fol.

    Très belles épreuves, la seconde est sur papier de Chine.

44. *Napoléon* en campagne (11). — *Napoléon* la cravache à la main (12). — *Napoléon* croquis (13). — *Napoléon* assis sous un arbre (14). — *Napoléon* vu de dos (15). — *Napoléon* sur un cheval blanc qui se cabre (16). — *Napoléon* debout sur un rocher (17). — L'Empereur et la garde impériale (prospectus) (219). — *Napoléon* croquis (385). Neuf portraits in-4.

    Très belles épreuves.

45. **Sujets militaires.** Hussard au galop, le sabre à la main (19 RRR) — Deux hussards au galop, le sabre à la main (20 RRR). Deux pièces, *chez Lasteyrie.*

    Très belles épreuves.

46. Voltigeurs en tirailleurs derrière une palissade (21 RRR.). — Lanciers au Bivouac (22 RR.). Deux pièces, *chez Lasteyrie.*

    Très belles épreuves, une est coloriée.

47. Canonniers près d'une pièce en batterie (23 RRR.), *chez Lasteyrie.*

    Superbe épreuve (unique).

48. Poste avancé (24 R.). — Poste avancé (25 RRR.), *épreuve unique tirée au recto et au verso.* Deux pièces, *chez Lasteyrie.*

    Très belles épreuves.

CHARLET

49. Déroute de Cosaques (26 R.). — Colonne d'infanterie en marche (27 R.). — La consigne (29 R.). — Les Invalides à la pêche (30 R.). Quatre pièces *chez Lasteyrie*.

    Très belles épreuves.

50. Cuirassiers chargeant (31 R.). — La Bienfaisance (32 R.). — L'Hospitalité (33 R.). — La Conversation (34 RR.). — La Bienvenue (35 R.). — Le décrotteur (36 RR). — Les quatre mendiants (37 RR.). Sept pièces *chez Lasteyrie*.

    Très belles épreuves.

51. Le Grenadier de Waterloo (38 R.). *Chez Lasteyrie*.

    Deux épreuves dont une coloriée.

52. Le Grenadier de Waterloo (39). *Chez Lasteyrie*.

    Deux belles épreuves.

53. Les deux Grenadiers de Waterloo (40 RRR.). *Chez Lasteyrie*.

    Deux épreuves dont une avant la légende, rare.

54. Le drapeau défendu (42 R.). — La mort du cuirassier (44 RR.). Deux pièces, *chez Lasteyrie*.

    Très belles épreuves.

55. Les deux tambours se disputant (45 RRR.). *Chez Lasteyrie*.

    Superbe épreuve, *unique*, et avec cette légende: *Les tambours à la gamelle*.

56. Invalide la pipe à la bouche (46 RRR.). — Les deux invalides mutilés (47 RRR.). — Le joueur de marionnettes (48 RR.). — Les Maraudeurs (49 RR.). — Les Invalides en goguette (50 R.). — Cinq pièces, *chez Lasteyrie*.

    Très belles épreuves.

57. Le Grenadier manchot (51 RRR.). *Chez Lasteyrie*.

    Très belle épreuve du 2ᵉ état avec les mots : *Ils sont morts pour la patrie*, effacés.

CHARLET

58. M Pigeon en grande tenue (53 R). — Deux prisonniers russes amenés devant un officier français (54). — Prisonniers autrichiens (55) — Le vin de la Comète (56). — Le Peintre d'enseignes (57). — Cinq pièces, *chez Delpech.*

    Très belles épreuves.

59. Que dit-on ? (58). — On dit.... (59 R R.). — On dit.... (60). — On ne dit rien (61), 2 ép. — Ils s'en vont ! (62). — Il faut en rire (63). — Je boude avec les blancs (64 RRR). Gaspard l'avisé partant pour l'armée (65). — Neuf pièces, *chez Delpech.*

    Très belles épreuves, une est coloriée.

60. Infanterie légère montant à l'assaut (66 R). — Siège et prise de Berg-op-Zoom à la petite Provence (67 RR). — Le caporal blessé et son chien lui léchant sa blessure (69 RR). — Mendiants (70). — Grenadier assis avec un enfant (71). — Braconnier (72). — Les Gueux (73). — Huit pièces, *chez Delpech.*

    Très belles épreuves (Deux sont rognées).

61. Le soldat français (74 RR), *chez Delpech.*

    Très belle épreuve, grandes marges.

62. — La même pièce.

    Belle épreuve, marges.

63. Cuirassier français portant un drapeau (76 R). — Le menuet (77 R.R.), 2 ép. — La gamelle compromise (78 RR). — La cuisine au Bivouac (79 R.R.). — Délassements des consignés (80 RR). — Six pièces, *chez Delpech.*

    Très belles épreuves.

64. Vieillard montrant le portrait de Cambronne à des enfants (81 RRR). — *Au maréchal Brune.* (82 RRR). Deux pièces, *chez Delpech.*

    Très belles épreuves.

CHARLET

19 et 29 — 65. L'Instruction militaire (83 RR). — Le soldat musicien (84 RR). — Les mêmes sujets, réductions par Lœillot. — Le marchand de dessins lithographiques (85 R). — Les maraudeurs (86 RR.). — L'Aumône (87 R). — Jeune soldat se découvrant devant un invalide (88 RR.). — Huit pièces *chez Delpech*.

Très belles épreuves, deux sont rognées.

20 — 66. A moi ! les anciens (89 RRR). — Appel du contingent communal (90 RR). — Le quartier général (91). Trois pièces *chez Delpech*.

Très belles épreuves

25 et 20 — 67. Les Pénibles adieux (92 R). — J'attends de l'activité (94 R). Toi !... Oui, moi ! (95 RR.). — Entrée, ou Milord-Gorgu (96 RR). — Sortie, ou Milord la gobe (97 RR). — Je l'ai gagnée à Friedland (98 RR). — Les consignés prenant les armes pour la corvée du quartier (99 RRR). — Doucement la mère Michel (101 R). — L'intrépide Lefebvre (102). — C'est mon père ! C'est mon père (103). — Soyez plutôt maçon si c'est votre métier ! (104 R). — Réjouissances publiques (105 R) Douze pièces *chez Motte*.

Très belles épreuves.

60 — 68. Siège de Saint-Jean d'Acre. Première idée non terminée, tirage à 2 ou 3 épreuves (106 RRR.) *chez Motte*.

Superbe épreuve, marges.

5 — 69. Siège de Saint-Jean d'Acre (107 R et 109). Deux pièces *chez Motte*.

Belles épreuves.

36 — 70. **Costumes militaires.** Neuf pièces *chez Lasteyrie* (111 R. — 116 R. — 120 R. — 121 R. — 122 RR. — 123 R. — 124 R. — 125 RR. — 126 RRR).

Très belles épreuves, la première coloriée.

CHARLET

71. **Costumes militaires.** Suite complète de vingt-huit pièces in-4 à la plume, *imprimée chez Delpech* 1817-1818 (127 à 154).

    Très belles épreuves de cette suite rare. Le n° 17 est en noir et colorié et les numéros 25, 27 sont coloriés, ensemble 29 pièces.

72. **Costumes militaires.** Suite de deux pièces. *Delpech 1819* (155 R. — 156 R.).

    Très belles épreuves, marges.

73. **Costumes militaires.** Suite complète de trente pièces représentant des costumes de la garde Impériale, *chez Delpech, 1819 à 1820* (157 à 186).

    Très belles épreuves, marges. Deux épreuves sont doubles, dont une coloriée, ensemble 32 pièces.

74. **Costumes militaires.** Suite de quatorze pièces représentant des costumes d'infanterie (armée de 1809), *chez Motte, 1820 à 1821* (187 à 201).

    Très belles épreuves.

75. **Costumes militaires.** Suite de deux pièces à la plume; *Villain, 1822* (202-203). — Suite de deux costumes d'infanterie; *Villain 1822* (204-205). — Suite de trois costumes de la garde nationale. *Villain 1827* (206-208); ensemble sept pièces.

    Très belles épreuves.

76. **Costumes de corps militaire, faisant partie de l'Armée Française, avant et pendant la Révolution.** Suite de six pièces in-fol. (211 à 217).

    Belles épreuves du 1er tirage avec le cachet.

CHARLET

77. **L'Empereur et la Garde Impériale**, avec un précis historique sur la Garde par M. Adrien Pascal. *Paris, Perrotin*, 1853 (218 à 264). In-fol., dem.-rel. chag.

    Ouvrage contenant quarante-cinq costumes militaires.

78. — Seize planches doubles.

    Très belles épreuves du 1er tirage avec le cachet, ou en 1" état avant la lettre sur papier de Chine.

79. **Pièces détachées 1821**. Napoléon factionnaire (266). — La Boule de neige (267). Deux pièces in-fol. en larg.

    Très belles épreuves.

80. **Pièces détachées 1822**. Cet homme a bien mauvais genre (268 RRR). — Le Pauvre diable (269). — N'abandonnez pas cette pauvre Veuve (270). — Les Quilles (271). — Elle n'admet pas de remplaçants (272). — Impiété (273). — Piété (274). — J'obtiens de l'activité (275). — Il m'en reste encore un pour la patrie (276). — Le tailleur de pierre (277). — Vous croisez la baïonnette sur les vieux amis (278). — Ecole du balayeur (279). — Voilà pourtant comme je serai dimanche (280). Treize pièces.

    Très belles épreuves.

81. **Pièces détachées 1823**. Adieu fils, je t'ai revu (281). — L'Ecole de Village (282). — Le beau bras ! (283). — J'aime la couleur (284). — Comment faire ? (285). — Dissimulons ! (286). — Paye et tais-toi ! (287). — Entrez, entrez chez Gihaut (289). — Le soleil luit pour tout le monde (290). — Je suis innocent (291). — La manie des Armes (292). — Réjouissances publiques (293). Onze pièces.

    Très belles épreuves.

82. Louis XVIII. Vu par le dos, au balcon des Tuileries, il s'écrie : *« Mes chers enfants, je vous porte tous dans mon cœur ! »* In-4 (288 RRR).

    Très belle épreuve.

CHARLET

83. **Pièces détachées 1824.** Vieillard méditant devant une tête de mort (291). — Papa ! dada ! (295). — Papa nanan !... Papa caca (296 et 297 R). — Le Laboureur nourrit le soldat (298). — Le Premier coup de feu (299). — Le Second coup de feu (300). Sept pièces.

   Très belles épreuves.

84. **Pièces détachées 1825-1826.** Jeune ! j'avais des dents et pas de pain... (301) 2 épr. — Même sujet (302). — L'Insubordination (303). — Elle a le cœur français l'ancienne (304). — Ils sont les enfants de la France (305). — Est-ce un dindon ? (306). — Le Billet de logement (307). — Ah quel plaisir d'être soldat (308). Neuf pièces.

   Très belles épreuves, trois sont sur papier de Chine.

85. **Pièces détachées 1827 à 1829.** Au Commandement de halte !... (309). — Au commandement de pas d'Observations (310). — Capitaine j'ai des faiblesses ! (311). — Honneur au courage malheureux (312). — Ah ! si j'étais de la police. (316). — Dis donc Tambour-Major des incurables ? (317). — Lieutenant je cherche du fourrage (318 et 319 R). — Sire, c'est à Austerlick que j'ai été démoli (321). — 1er et 2e feuilles de croquis (322 et 323). Onze pièces.

   Très belles épreuves. Trois sont sur papier de Chine.

86. **Pièces détachées 1830.** Feuilles de croquis (324 à 330). — Jeune Femme (331). — Le Gamin éminemment et profondément libéral (332), deux épreuves avec variante dans la légende. — L'Allocution (333). — La même, 1re idée (334). — Le Tailleur de pierres (335 et 336). — J' te parie quatre sous tout de suite ! (337). — Pingard et Buchette (338). Seize pièces.

   Très belles épreuves. Cinq sont sur papier de Chine.

CHARLET

15 —87. **Pièces détachées 1831 à 1844.** Charge de chevau-légers (339). — Marche de lanciers sur un champ de bataille (342). — Vieux pâtre assis près du tombeau de sa fille (343). — Quand tu fais des poires... (344). — Comme fluté, dit-il... (345 R). — Costumes du Moyen-âge (346).— Jacques Vincent 1er (347). — Deux élèves de l'Ecole polytechnique (350). — Le Magister de notre village (351 R).— Campagnard à cheval au galop (352 RR). — Chacun chez soi (353).— Le Maître de ceux qui n'en veulent pas (355 RR). — 5 mai ! (358). — 15 août ! (360). Quatorze pièces.

Très belles épreuves. Six sont sur papier de Chine.

3 —88. Le plus délicieux et le plus ailé des bizets (354).

Très belle épreuve, grandes marges.

102 —89. **Griffonnements, pièces diverses non terminées, de 1823 à 1840.** Réunion de cinquante-quatre lithographies (372-426).

Très belles épreuves, la plupart sont rares.

20 —90. Etude de chêne (439). — Etude de platane (440). — Etude de pins d'Italie (441). Trois pièces in-fol. (figures par Charlet).

Belles épreuves sur papier de Chine.

37 —91. **Pièces faites avec le concours d'autres artistes.** Les grottes d'Osselles (442). — Intérieur d'une baraque de Charbonniers (443). — Journées de 1830 (445 à 448). — Piast (455). Sept pièces.

Belles épreuves, la première est sur papier de Chine.

25 — 92. **Pièces tirées de divers recueils.** Réunion de vingt-trois lithographies (449 à 475).

Très belles épreuves, dont plusieurs sont très rares.

60 — 93. **Vignettes pour romances et chansons de 1823 à 1841.** Réunion de vingt-neuf lithographies (476 à 503).

Très belles épreuves, la plupart sont tirées avant la musique, et plusieurs sont sur papier de Chine.

CHARLET

94. Recueil des Albums, Fantaisies, Croquis, etc., parus par suites depuis 1822 jusqu'en 1837. Recueil de croquis à l'usage des petits enfants, 1822. Frontispice et 10 p. (504 à 514). — Croquis lithographiques, 1823. Frontispice et 17 p. (515 à 533). — Croquis lithographiques, 1824. Frontispice et 15 p. (534 à 549). — Cahier de fantaisies 1825, 5 p. sur chine (550 à 554). — Fantaisies, 1824 à 1827. 35 p. sur chine (555 à 589). — Album lithographique, 1824. Frontispice et 17 p. sur chine (une sur blanc) (590 à 609).— Sujets divers lithographiés, 1825, 9 p. sur chine (une sur blanc) (610 à 619). — Album lithographique, 1826. Frontispice et 20 p. sur chine (620 à 640). —Croquis lithographiques à l'usage des enfants, 18 p. sur chine (641 à 658). — Album lithographique 1827. Frontispice et 21 p. sur chine (659 à 682) — Album lithographique 1828, 25 p. (683 à 706). — Croquis et pochades à l'encre 1828, 22 p. sur chine (707 à 725). — Album lithographique 1829, 18 p. (726 à 745). — Album lithographique 1830, 18 p. (744 à 761). — Fantaisies 1831, 16 p. (762 à 777). — Fantaisies, 1831, 5 p. (778 à 782). — Album lithographique 1832, 12 p. (783 à 794). — Fantaisies, 1832, 4 p. (795-798). — Souvenirs de l'Armée du Nord, 1833, titre imprimé et 21 p. (799 à 819). — Album lithographique, 1834. Frontispice et 18 p. (820 à 839). — Alphabet moral et philosophique à l'usage des petits et des grands enfants, 1835. Frontispice et 25 p. (840 à 867). — Album lithographique, 1836, 16 p. (868 à 883). — Album, 1837. Frontispice et 16 p. (884 à 899). — Croquis 1837, 12 p. (901 à 912). — Vie civile, politique et militaire du caporal Valentin, 53 p. (913 à 965).

<small>Collection complète avec de nombreuses planches d'essais, le tout comprenant quatre cent cinquante-sept pièces. Grandes marges bien régulières.</small>

CHARLET

95. **Croquis à la manière noire**, dédiés à Béranger par Charlet. Titre et douze pièces. *Paris, Gihaut*, 1840 (966 à 978).

    Belles épreuves, grandes marges.

96. **Croquis à la manière noire**, 1840 planches refusées par la censure et dont les légendes ont été modifiées. Sept pièces (979 à 985 RR).

    Très belles épreuves, on y a joint cinq planches doubles avec légendes corrigées, grandes marges.

97. **Croquis à l'estompe et au lavis.** Suite de douze pièces (986 à 997).

    Belles épreuves.

98. **Suite de dessins à la plume** à l'usage des Ecoles spéciales, etc. Suite de un titre et cinquante-deux pièces in-fol. (1000 à 1056).

    Belles épreuves, on y a joint cinq pièces d'états. Ensemble 56 pièces.

COMPTE-CALIX

99. **Société Parisienne** (Vie élégante de la). Deux titres et dix planches dessinées par Compte-Calix, gravées sur acier par Portier. *Paris, au bureau du journal Les Modes Parisiennes*, s. d., gr. in-4 obl., cart.

    Belles épreuves, grandes marges.

DARJOU

100. **La Bretagne.** Suite de vingt lithographies in-4 cart.

     Belles épreuves. Envoi autographe de l'artiste à Nadar.

DECAMPS ET ROQUEPLAN

101. **Album lyrique 1830.** Suite de un titre et douze lithographies en larg. avec la musique, pet. in-4 obl., rel. de l'époque.

     Très belles épreuves (les derniers feuillets sont tachés d'huile).

DELACROIX (Eugène)

102. Cheval sauvage terrassé par un tigre (Ad. Moreau 10 1ᵉʳ état R.R.R.).

    Splendide épreuve sur papier de Chine avec des salissures sur les quatre marges De la collection Ag. Bouvenne, de toute rareté.

103. Steenie (Redgauntley Lettre XI. Walter Scott) (13).

    Très belle épreuve, grandes marges.

104. Cheval effrayé sortant de l'eau (39 1ᵉʳ état R.R).

    Très belle épreuve avec des salissures sur les marges.

105. Lion de l'Atlas (42, 3ᵉ Etat). — Tigre Royal (43, 2ᵉ Etat). Deux lithographies in-fol. en larg.

    Très belles épreuves, grandes marges.

106. Tigre Royal (43).

    Très belle épreuve, sans marges.

107. Jeune tigre jouant avec sa mère (49).

    Deux épreuves des 1ᵉʳ et 3ᵉ états, la dernière est sur papier de Chine.

DEROY

108. **Nantes et ses environs.** Suite de douze lithographies en larg., *publié par Ch. Sébire, s. d.*, in-4 cart.

    Belles épreuves sur papier de Chine avec la couverture de publication.

DEVÉRIA (Achille)

109. *Devéria (Achille). Lithographié par lui-même*, in-fol. (H B. 1).

    Très belle épreuve sur papier de Chine, grandes marges.

110. — Le même portrait.

    Très belle épreuve sur papier de Chine à toutes marges.

111. La Reine des Belges (Pˢˢᵉ Louise d'Orléans) 1832 (7 bis).

    Très belle épreuve.

DEVÉRIA (Achille)

112. *Carnevale* (12).

    Très belle épreuve sur papier de Chine à toutes marges.

113. *Dumas* (Alexandre), assis sur un canapé (16).

    Superbe épreuve avec l'approbation du ministère, grandes marges.

114. *Dumas* (Alexandre) en buste (17).

    Très belle épreuve sur papier de Chine, grandes marges.

115. *Amigo* (Mlle) (10). — *Eckerlin* (Mme) (18).

    Trois épreuves dont une coloriée.

116. *Grisi* (Juliette et Judith) du Théâtre Royal Italien, 1833 (21).

    Très belle épreuve sur papier de Chine; marges.

117. *Gisors* (A. de), architecte (19). — *Ajasson de Grandsagne*, chimiste à Lyon (20). — *Hagman*, attaché à la maison du Roi de Naples (22). — *Herz* (Henri), pianiste (23). Quatre portraits.

    Très belles épreuves sur papier de Chine, grandes marges.

118. *Hugo* (Victor) 1829, en buste (24).

    Très belle épreuve sur papier de Chine, grandes marges.

119. *Lablache*, des Italiens (26). — *Lamartine* en buste (27). — *Listz*, pianiste (29). — Le même diff. (29 *bis*). Quatre portraits.

    Très belles épreuves, deux sont sur papier de Chine.

120. *Noël* (Léon), lithographe (30). — *Roqueplan* (Camille), peintre (32), 2 ép. — *Tamburini*, chanteur du Théâtre Italien (37). — *Torijos* en uniforme (38). Cinq portraits.

    Très belles épreuves, deux sont sur papier de Chine.

121. *Vigny* (Alfred de) (39), 2 ép. — *Wolf* (Edouard), pianiste (40). — *Bessens*, violoniste (45). Quatre portraits.

    Très belles épreuves, deux sont sur papier de Chine.

DEVÉRIA (Achille)

122. Marie-Lœtitia-Ramolino Bonaparte, mère de l'Empereur (48). — Chateaubriant (59). — Dohler (Th.), pianiste (66). — Ernst (H. W.), violoniste (71). Quatre portraits.
    Très belles épreuves, deux sont sur papier de Chine.

123. Falcon (Mlle C.) (72). — Eugénie Garcia (Mlle), cantatrice (75). — Garcia-Viardot (Mme Pauline), cantatrice (76). — Géricault (77). Quatre portraits.
    Très belles épreuves.

124. Huerta (Mme) (87).
    Très belle épreuve, grandes marges.

125. Lavalette (Mme de) (94). — Louis (N.), compositeur de musique (98). — Kemble (90). — Malibran de Bériot (Mme) (100). — Mereaux (Am.), compositeur (103). — Montalant (Céline) (107). — Noblet (Mlle Alex.), actrice (114). — Osborne (G.-A.), musicien (115). Huit portraits.
    Très belles épreuves.

126. Paganini (Le fils de) (117). — Panofka (H.), musicien (118). — Say (J.-B.), économiste (131). — Vidocq (144). — Dupont (Mlle), actrice (164). — Mars (Mlle), actrice (170). — Paradol (Mlle), actrice (172). Sept portraits.
    Très belles épreuves, deux sont sur papier de Chine.

127. Smithson (Mrs H.-C.), actrice anglaise, 1re femme de Berlioz (137).
    Deux épreuves, dont une avant toutes lettres, rare.

128. Devéria (Eugène), frère d'Achille (229). — Desforges (Mme), cousine germaine de Devéria (233). Deux portraits in-8.
    Très belles épreuves, le premier est sur papier de Chine.

129. Dumas (A. A. A.), fondateur de l'Ecole de Notariat à Niort (256). — Szirmay-Miklos, patriote hongrois (300). — Mr X., employé au Ministère des Finances (329). Trois portraits.
    Très belles épreuves, deux sont sur papier de Chine.

DEVÉRIA (Achille)

130. *Noblet* (Mlle Alex.). Costume d'Isabelle (344). — *Devéria* (Eug.). Costume civil du temps de Louis XIII (355). — *Musset* (Alf. de). Costume allemand du XVIe siècle (362). — *Béauvoir* (Roger de). Raffiné du temps de Louis XIII (368). Quatre travestissements.

Très belles épreuves.

131. Portraits d'inconnus et de personnages non décrits. Neuf pièces.

Superbes épreuves avant toutes lettres, ou en épreuves d'artistes, très rares.

DEVÉRIA (A.) et MADOU

132. **Les douze mois de l'année** et leurs passe-temps, dessinés par A. Devéria. Suite de douze lithographies en larg. *Paris, Rittner et Goupil, s. d.* — **Physionomie de la Société en Europe**, depuis le XIVe siècle jusqu'à nos jours. Quatorze tableaux par Madou. *Bruxelles à l'Etablissement Royal de lithographies, s. d.* Ensemble vingt-six pièces pet. in-fol. cart.

Très belles épreuves avec les deux couvert. de publication.

DIAZ (N.)

133. Les baigneuses, ép. d'essai. — La Veuve. — Imposture ! — Beauté, etc. Cinq lithographies.

Très belles épreuves.

DIVERS

134. Lithographies diverses, Animaux, Paysages, Gravures anciennes et modernes, environ 200 p. seront vendues par lots.

DORÉ (Gustave)

135. Affiche pour *la légende du Juif-Errant*. Lithog. in-fol.

Très belle épreuve sur papier de Chine à toutes marges.

DORÉ (Gustave)

136. Bataille de Magenta (H. B. 75). L'Inondation. Deux lithographies en larg.

    Belles épreuves avant la lettre sur papier de Chine.

137. **Les différents Publics de Paris.** Suite de un titre frontispice et vingt lithographies en larg. *A Paris, au bureau du Journal Amusant*, in-4 obl. cart.

    Très belles épreuves coloriées grandes marges avec la couverture, illustrée de publication. Très rare.

138. **Folies Gauloises.** Suite de vingt lithographies en larg., in-4 cart.

    Très belles épreuves grandes marges.

139. **Ménagerie Parisienne** (La). Suite de un titre et vingt-quatre lithographies en larg. *Au bureau du Journal pour rire*, s. d,. in-4 obl., dem.-rel. chag. vert av. coins.

    Très belles épreuves, petites marges.

DREUX (Alfred de)

140. **Croquis de chevaux.** Suite de vingt-quatre lithographies en larg., imprimées à deux tons. *Paris, Goupil et Vibert*, s. d., in fol. obl. cart.

    Belles épreuves grandes marges (piqûres d'humidité).

ENGELMANN (Lith. de G.)

141. *Lebrun* (Mme Vigée), in-4 non terminée.

    Très belle épreuve, grandes marges.

FIELDING (Newton)

142. **Animaux de chasse**, gibier à poil et à plume. Suite de douze lithographies en larg. *Paris, chez Rittner et Arrow-Smith, 1828*, in-4 cart.

    Très belles épreuves sur papier de Chine, grandes marges, avec la couverture de publication.

FIELDING (Newton)

143. **Chiens de chasse**, d'après les dessins de Newton Fielding. Suite de douze pièces gravées par Falkeisen. *Paris, Rittner, 1828*, in-4 cart.

    Très belles épreuves coloriées à toutes marges, avec la couverture de publication.

144. **Combat de Coqs.** Suite de six pièces en larg. dessinées et gravées par l'artiste *London, R. Ackermann, July 1834*, in-4 cart.

    Très belles épreuves en couleur, grandes marges, rare.

145. **Combats d'animaux.** Suite de six lithographies en larg. *Paris, Gihaut, 1829*, in-4 obl. cart.

    Belles épreuves coloriées sur papier de Chine, grandes marges.

146. **Croquis d'animaux**, 1829. Suite de neuf lithographies en larg. de plusieurs sujets à la feuille, in-4 cart.

    Belles épreuves sur papier de Chine.

147. **Gibier à poil.** Suite de douze pièces en larg. gravées à la manière noire par Falkeisen. *Paris, chez Rittner, s. d.*, in-4 cart.

    Très belles épreuves à toutes marges.

148. **Suite d'animaux.** Sujets tirés des fables de Lafontaine. Dix-huit lithographies en larg. *Paris, Gaugain*, 1829, in-4 cart.

    Belles épreuves sur papier de Chine, avec la couverture illustrée de publication.

GAVARNI

149. Mme la Duchesse d'*Abrantès* (cat. de l'œuvre de Gavarni par par M. J. Armelhault et E. Bocher (1. 2e état). — La même en buste (3. 4e état). — Mlle *Déjazet* (21). — H. *Monnier* (24). — Portrait de femme. Cinq portraits.

    Très belles épreuves.

GAVARNI

150. *Arnal* (7 1ᵉʳ état). — Quatre vingt-dix ans. (*Chevallier*, père de Gavarni) (19). — S. M. l'*Impératrice Eugénie* (25). — S. A. I. Mᵐᵉ la *Princesse Mathilde* (48). — *La Princesse Hélène*, duchesse d'Orléans (56). — S. M. la *Reine Victoria*, (69 RR). Six portraits.

    Très belles épreuves. Trois sont sur papier de Chine.

151. *Gavarni* à la cigarette (34).

    Trois épreuves des 2ᵉ et 3ᵉ états, une est sur papier de Chine.

152. *Raymond la Garrigue* peintre (43 RRR).

    Très belle épreuve.

153. *Mélingue* (49 1ᵉʳ état). — *Mélingue* (by Gavarni in London) (50 RRR). — *Achard* (inédit). — *Bertaux* (inédit). — M. et Mᵐᵉ *Emile Taiguy* (65). — *Thénot* (65). — *Alcide Tousez* (67) Sept portraits.

    Très belles épreuves Cinq sont sur papier de Chine.

154. Mᵐᵉ *de Viefville* (70 RRR).

    Superbe épreuve.

155. M. G. T. *Villenave*, homme de lettres (71 R R R). — *Gulnare* (Mlle Waldor) (72, 2 états). — *Murger* (Henry), avec signature autographe et dédicace (82). Quatre portraits.

    Très belles épreuves, trois sont sur papier de Chine.

156. *Célébrités contemporaines*. Suite de six portraits en pied (75-80).

    Très belles épreuves, cinq sont sur papier de Chine.

157. *L'Albanaise* (91, 1ᵉʳ état). — *Amour pour amour* (93, 1ᵉʳ état). — *Fleurs d'Orient* (108, état non décrit). — *Mais pourquoi pleurer* (113, 2ᵉ état). — *Fleurissez-vous* (141, 2 états). — *Blanche colombe* (142, 1ᵉʳ état R R). — *Les Farfadets* (143, 1ᵉʳ état). — *Le Retour* (144). — *Elle est morte* (145, 2ᵉ état, rare). Dix pièces.

    Très belles épreuves sur papier de Chine (une est sur blanc).

GAVARNI

158. Trente-trois lithographies publiées par *l'Artiste* (156 à 213).

    Très belles épreuves, plusieurs sont en 1er état.

159. Fleur perdue (208). — Les femmes artistes, quatre pièces (209-212). — Le Commentaire (220, épreuve d'essai). — La Captive (222, 2e état). — Projets de bonheur (223, 3e état). — Avenir et Souvenir (224). — Saprelotte ! monsieur Arthur.... (835, 1er état). Dix pièces.

    Très belles épreuves, huit sont sur papier de Chine.

160. Impression de ménage (1106, 1er état). — Les Anglais chez eux (1241, 1250, 1252, 1255, 1262). 5 p. — Bohême (1268). — Invalides du sentiment (1353). — Les Lorettes vieillies (1374-1376). Dix pièces.

    Très belles épreuves d'artistes en 1er état.

161. Les Parents terribles (1420). 4 p. — Les Chevaliers de la table ronde (1564, 1er état). — Rendez-vous (1675, 1er état). — La Cantonnade (1676). Huit pièces.

    Très belles épreuves, six sont sur papier de Chine.

162. Modes et Costumes, travestissement. Pièces tirées de différentes publications. Quatorze lithographies.

    Très belles épreuves.

163. Throwing the stone (1565). — Scoth girls washing (1566). — A Higland piper (1567). Trois pièces.

    Très belles épreuves, grandes marges.

164. **Etudes d'enfants**. Suite de douze lithographies (1716-1726) ; in-4 cart.

    Très belles épreuves avec la couverture de publication, à toutes marges.

GAVARNI

165. **Les Toquades.** Album composé de vingt planches, dessinées sur pierre. *Paris, imp. Lemercier et Cie, s. d.* (2029-2048), pet. in-fol., dem.-rel. chag. r. av. coins.

    Très belles épreuves avant la lettre, sur papier de Chine à grandes marges avec la couverture de publication.

166. La croix de Jésus (2056 2ᵉ état RR) — Les Toquades, 4 p. (2029). — Le Courrier de Paris (2059 RR.). — Lecture de l'Artiste (2070 2ᵉ état) — Balayeur des rues (2073). — Marchand de casseroles (2074). — Mlle Mars (2491). Pièces inédites, 3 p. ensemble, treize pièces.

    Très belles épreuves, huit sont sur papier de Chine.

GENGEMBRE (Z.).

167. Chevaux de trait. — Lion et lionne. Deux lithographies.

    Belles épreuves sur papier de Chine.

GENIOLE

168. **Les Femmes de Paris.** Suite de trente lithographies. *Paris, Bauger, s. d.*, in 4 cart.

    Très belles épreuves coloriées, grandes marges.

GÉRARD-FONTALARD

169. Recueil de quatre-vingt-quatre petits sujets, dessinés et lithographiés, réunis en un album in-4, rel. maroq. r., orn. sur les plats (rel. anc.).

    Très belles épreuves coloriées.

GÉRICAULT (Théodore).

170. Mameluck de la garde impériale, défendant un jeune trompette blessé contre un cosaque qui arrive au galop. (Ch. Clément, 8 RR.).

    Très belle épreuve, marges.

171. Les Boxeurs (9 RR.).

    Superbe épreuve du 2ᵉ état, marges.

GÉRICAULT (Théodore)

172. Chariot chargé de soldats blessés trainé par trois chevaux (10 RR.).

   Très belle épreuve, marges.

173. Caisson d'artillerie (13 R. R.).

   Superbe épreuve, grandes marges.

174. Le factionnaire suisse au Louvre (14 R).

   Très belle épreuve, marges.

175. Shipwreck of the Méduse (24 R.), dessiné par Géricault et terminé par Charlet.

   Croquis au trait et à l'encre, qui était distribué au public lors de l'exposition à Londres de son célèbre tableau.

176. A French Farrier (33-8). — Eglise de Saint-Nicolas de Rouen (46). L'architecture de Lesaint ; les figures et les chevaux seuls sont de Géricault. Deux pièces.

   Belles épreuves une est sur papier de Chine.

177. **Etudes de chevaux**. Recueil contenant : Etudes de chevaux, 12 p. (47-58). — Petites pièces publiées chez Gihaut, 8 p. (59-66). — Petites pièces publiées chez Gihaut, 7 p. (67-73). — Suite des grandes lithographies Françaises, 12 p. (74-86). — Quatre pièces par Géricault et Lami (92-95). Ensemble quarante-quatre lithographies pet. in-fol. cart.

   Belles épreuves, marges.

GIGOUX (Jean)

178. Murat (Caroline), assise. Signé à gauche, in-fol. (147).

   Très belle épreuve, marges.

179. Barye (H. B. 99). — Bodin (Félix) (102). — Delacroix (110). Delaroche (112). — Gérard (Baron) (118). — Johannot (Alfred et Tony) (127). — Moine (Ant.) (142). — Walter Scott (172). Huit portraits.

   Belles épreuves.

GILBERT (A.)

180. Portrait d'homme. Lithog. in-fol.

> Très belle épreuve avant toutes lettres sur papier de Chine (dédicace 1896).

GRANDVILLE (J. J.)

181. **Le Dimanche d'un bourgeois de Paris**, ou les tribulations de la petite propriété. Suite de douze lithographies en larg. (H. B. 4). *A Paris, chez Duval, s. d.*, in-4 cart.

> Très belles épreuves coloriées, marges.

182. **Voyage pour l'éternité.** Service général des Omnibus accélérés, départ à toute heure et de tous les points du Globe. Suite de neuf lithographies en larg. (H. B. 8). *Paris, chez Bulla et Aubert*, in-4 cart.

> Très belles épreuves coloriées, grandes marges, avec la couverture illustrée de publication, très rare.

GRENIER (François)

183. **Episodes de chasse.** Suite de douze lithographies numérotées 1 à 12, in-4 en larg.

> Belles épreuves imprimées à deux tons.

184. **Œuvre lithographiée.** Album 1826, 12 pl. — Album 1827, 12 pl. sur Chine avec le titre. — Album 1828, 12 pl. sur chine. — Album 1829, 12 pl. sur Chine avec la couverture illustrée. — Album 1830, 12 pl. sur Chine avec la couverture illustrée. — Chasse au tir, 1829. 12 pl. sur Chine avec couverture illustrée. — Chasse au tir, 2e cahier, 1831, 12 pl. sur Chine avec couverture illustrée. — Sujets de chasse. 1834, 6 pl. — Recueil de sujets 1833-1834, 6 pl. — Divers sujets 1833, 6 pl. avec couverture illustrée. — Pièces séparées, 5 pl. Ensemble cent treize lithographies in-4, dem.-rel., chag. n. av. coins, tr. dor.

> Très bel exemplaire. (Collection Ch. Smith).

GRÉVEDON (H.).

30 — 185. Grévedon (Mme H.), femme de l'artiste, actrice du Gymnase 1830, in-fol.

Superbe épreuve avant la lettre sur papier de Chine, marges.

50 — 186. Berry (Mme la Duchesse de) 1835, in-fol.

Très belle épreuve avant la lettre sur papier de Chine, grandes marges.

15 — 187. Ida St-Elme, 1828, in-fol.

Très belle épreuve sur papier de Chine avec dédicace.

62 — 188. Les Trois Maîtresses, 1831, in-fol.

Très belle épreuve, marges.

82 — 189. Bourbier (Mlle V.). — Damoreau-Cinti (Mme). — Jenny-Vertpré (Mlle). — Noblet (Mlle) 2 diff. — Sontag (Mlle). Six portraits.

Belles épreuves.

95 — 190. Dupont (Mlle C.). — Heinefetter (Mlle). — Plessis (Mme). Trois portraits in-fol.

Très belles épreuves avant la lettre à toutes marges, la 1re est avec dédicace autographe, et deux sont sur papier de Chine.

28 — 191. Elisa 1830. — Caradori (Mme) 1831. Deux portraits in-fol.

Belles épreuves coloriées.

205 — 192. Doze (Mlle). — Elssler (Mlle Fanny). — Falcon (Cornelie). — Falcoz (Mlle). — Fay (Mlle Léontine). — Malibran-Garcia (Mme). — Prévost (Mlle). — Rachel Félix (Mlle). — Samoïloff (Comtesse). — Taglioni (Miss). Dix portraits in-fol.

Très belles épreuves sur papier de Chine à toutes marges

150 — 193. Portraits d'Actrices, 1829 à 1833. Cinq portraits.

Superbes épreuves avant la lettre sur papier de Chine, grandes marges.

GRÉVEDON (H.).

194. *Auber. — Rossini*, 1828. — *Armand*, 1829. — *Spontini*, 1830. — *Leclercq* (Th), 1831. — *Scribe*, 1837. — *Isabey* (J.-B.), 1850. Sept portraits.

Très belles épreuves. Deux sont avant la lettre, dont une avec dédicace.

195. *Ligne* (Le Prince de), 1825.— *Dreux-Brézé* (Mis de), 1833. — *Dorothée* (P^{sse} de Curland de Sagan et D^{sse} de Talleyrand). 1844. — *Galles* (Charlotte, P^{sse} de), 1855. Cinq portraits.

Très belles épreuves. Trois sur papier de Chine.

HERVIER (A.)

196. **Lithographies artistiques**. Composées et dessinées par A. Hervier. Suite de douze lithographies. *Paris, Latouche, s. d.*, pet. in-fol. cart.

Belles épreuves, grandes marges.

ISABEY (Eugène)

197. **Six marines** dessinées sur pierre par Eug. Isabey. 2e Cahier, 1833. *Publiées par V. Morlot* (8-14), in-fol. cart.

Superbes épreuves sur papier de Chine avec la couverture illustrée de publication.

198. Le Retour au Port (15), grand in-fol.

Très belle épreuve sur papier de Chine, grandes marges. (De la collection Moignon)

199. Vue de Rouen (H. B. 1). — Vue de Caen (2). — Souvenir de Bretagne (3). — Environs de Dieppe (12). — Brick échoué (16). — Vue du Port de Boulogne. Six lithographies.

Belles épreuves sur papier de Chine.

ISABEY (J.-B.)

200. Arrivée de Son Altesse Royale le Duc de Bordeaux à Chambord, 1821 (H. B. 3).

Très belle épreuve, grandes marges.

ISABEY (J.-B.)

retiré — 201. Bal déguisé de J. Isabey, invitation in-18. (H. B. 2).
Pièce très rare, l'épreuve que nous avons était adressée à M. Fabreguette.

— 202. Escalier de la grande tour du château d'Harcourt, 1822. — Chambre de Henri IV au château de Mesnières (4). Deux pièces.
Belles épreuves sur papier de Chine.

LALAISSE

— 203. **Etudes de chevaux.** Dépôt des remontes des haras. — Circonscription du Dépôt d'étalons de St-Lô. — Circonscription du dépôt d'étalons de Napoléon-Vendée. — Circonscription du dépôt d'étalons de Cluny. — Chevaux Arabes, de la Camargue et du Midi. Réunion de cinquante-quatre lithographies in-fol., dem.-rel. maroq. v.
Très belles épreuves sur papier de Chine. Recueil composé par Lalaisse pour le Ministère de l'Agriculture. *Provient de la succession de l'artiste.*

— 204. **Types militaires.** Recueil de quarante-quatre planches de costumes. *Paris, Morier, éd. s. d.,* dem.-rel. chag. v.
Belles épreuves coloriées.

LAMI (Eugène)

— 205. Cerf sautant (H. B. 2). — Le bon ménage (3). — Fantassin le fusil sous le bras (4). — Moncey en colonel du 3ᵉ Hussards (5). — La Consigne (10). Cinq lithographies originales.
Très belles épreuves à toutes marges, rare.

— 206. Parisina. — Le Vampire. — Mazeppa. — Le Giaour. — La Fiancée d'Abydos. — Lara (ces quatre dernières en collaboration avec Géricault), 1823 (12 à 14).
Belles épreuves sur papier de Chine, à toutes marges.

— 207. **Les Contre-temps.** Suite de vingt-quatre lithographies en larg. *Publié en Décembre 1823 et en Janvier 1824, chez Gide fils,* in-4 obl., cart. de l'époque avec le titre conservé.
Très belles épreuves coloriées, grandes marges, rare.

LAMI (Eugène).

208. **Souvenirs de Londres** 1826. Suite de douze lithographies en larg. *Publié par Lami Donezan* **(220-231)**; in-4 obl., cart.

<blockquote>Très belles épreuves coloriées, grandes marges, avec la couverture de publication.</blockquote>

209. **Six Quartiers de Paris** (Voitures). Suite de un titre et six lithographies en larg. *A Paris, chez Delpech, s. d.* (254-259), in-4 obl., cart.

<blockquote>Très belles épreuves coloriées, grandes marges.</blockquote>

210. **Six quartiers de Paris** (voitures). Suite de un titre (collé sur la couverture) et six lithographies en larg. *A Paris, chez Delpech, s. d.* (254-259). — **Tribulations des gens à équipages**. Suite de un titre et six lithographies en larg. *A Paris, chez Delpech* (272-277), ensemble douze pièces in-4 cart.

<blockquote>Très belles épreuves coloriées, grandes marges.</blockquote>

211. **Panorama du Bois de Boulogne**, 1828. Suite de dix lithographies, numérotées de 1 à 10. *A Paris, chez Delpech*, en larg. in-4, cart. ancien.

<blockquote>Superbes épreuves coloriées, grandes marges. La couverture illustrée de publication a été découpée et collée sur le plat du cartonnage.</blockquote>

212. **La vie de château**. Suite de dix lithographies en larg., 1828, *chez Lami Donezan* (278-288), in-4 cart.

<blockquote>Très belles épreuves coloriées à grandes marges.</blockquote>

213. **La vie de château**. Deuxième partie. Suite de dix lithographies en larg., 1833. *Chez Gihaut* (289-298), in-4 cart.

<blockquote>Très belles épreuves coloriées, grandes marges.</blockquote>

214. **La vie de château**. 1re et 2e partie. Suite de un titre et vingt lithographies en larg. (278 à 298), in-4 obl. dem.-rel. cuir de Russie av. coins.

<blockquote>Très belles épreuves coloriées à toutes marges de la deuxième partie. La première a été retouchée par l'artiste ainsi que l'atteste la lettre autographiée qui est jointe, et à la fin du recueil on y a ajouté cinq croquis originaux, relatifs à cette belle collection.</blockquote>

LAMI (Eugène).

215. **Souvenirs du camp de Lunéville.** Suite de un titre et six lithographies en larg. *Paris, Delpech,* 1829 (299-305), in-4 obl. cart.

   Très belles épreuves coloriées, grandes marges.

216. **Quadrille de Marie Stuart,** 2 mars 1829. Bal de la Duchesse de Berry. Album in-fol. de vingt-deux costumes et quatre planches d'entrées et de vues de bal, *1829. Fouroux* (306-331), in-fol., rel. maroq. r. à grain long, orn. sur les plats, ébarbé.

   Très bel exemplaire. *Donné à la cour de France le 2 mars 1829. Provient de la vente de Madame la Duchesse de Berry,* très rare.

217. **Croquis faits d'après nature dans Paris,** pendant les journées des 27, 28, 29 juillet 1830. Quatre lithographies à plusieurs sujets (334-337).

   Belles épreuves. On y a joint deux planches en tirages à part sur papier de Chine, ensemble six pièces.

218. **Le Quadrille.** Suite de six planches en larg., gravées par Le Bas. *A Paris, chez Gide,* s. d., in-4 cart. (non décrit).

   Très belles épreuves coloriées avec marges, une est en double avant la lettre, et deux autres sont également avant la lettre, toutes les pièces portent l'initiale E. dans la gravure. Suite de toute rareté.

219. Les Princes citoyens.

   Très belle épreuve coloriée, très rare.

220. Trois grandes planches pour le Sacre de Charles X.

   Belles épreuves (petits raccommodages).

221. Soirée du grand monde, 2 ép. — Henry Monnier. — Bal costumé, 2 ép. — A Little mare and a Ponij. — Croquades, 2 ép. — Collection des Armes de la Cavalerie Française en 1831 (Carabiniers et Hussards). — Walking. Douze lithographies de divers formats.

   Belles épreuves, quatres sont coloriées.

LAMI (Eugène) et MONNIER (Henry)

222. **Voyage en Angleterre.** Suite de vingt-quatre lithographies. *Paris, publié par Firmin Didot frères et Lami Donezan*, 1830, pet. in-fol. cart.

> Très belles épreuves coloriées, avec le titre et la couverture de la 1re livraison. On y a joint : pl. 25. Club des Fermiers, — pl. 27. Crescent-Park, — pl. 28. Un trottoir dans la cité. Ensemble vingt-sept pièces coloriées, recueil très rare.

LANÇON (Auguste)

223. Tigre de Cochinchine. — Lion de Nubie. — Id. en hauteur. — Lion. — Lionne d'Egypte. — Lionne du Sénégal. Six eaux-fortes.

> Belles épreuves, sur papier du Japon (une sur vergé).

LAUTERS

224. **Bords de la Saône.** Suite de vingt-six lithographies en larg. *Lith. de Ch. Motte*, in-4 cart.

> Belles épreuves sur papier de Chine.

LEMERCIER (Ch.)

225. **Funérailles de Napoléon Ier.** Suite de neuf lithographies en larg. par Brioude. In-4 cart. de l'éditeur.

> Belles épreuves sur papier de Chine (piqûres d'humidité). Exemplaire offert à la comtesse Mathilde Napoléon, par son serviteur Brioude.

LE PRINCE (Xavier)

226. **Inconvénients d'un Voyage en Diligence.** Douze tableaux lithographiés par M. Xavier Le Prince. *Paris, Sazerac et Duval*, s. d., in-4 cart.

> Très belles épreuves coloriées, grandes marges, avec le titre (remargé), rare.

LITHOGRAPHIES

227. Croquis par divers artistes. Recueil contenant cinquante-quatre lithographies en larg., plusieurs sujets à la feuille par Bellangé, Charlet, Decamps, Isabey, E. Lami, Le Poitevin, Mozin, Roqueplan, Villeneuve et Watelet. *A Paris, chez Rittner*, s. d., pet. in-4 obl., d.-rel. chag. r.

> Très belles épreuves, marges, recueil rare.

— 38 —

LITHOGRAPHIES

228. **Réunion des amis de Rome 1830.** Album contenant un portrait de M. Giannone, poëte, gravé par Calamatta en 1831, et vingt lithographies signées Coutant, Rémond, Boisselier, Destouches, Picot, Thomas, Blondel, Garnaud, Sauré, Haudebour, etc., in-4 obl., rel. de l'époque.

Exemplaire de L. Van Clamputt.

LOËILLOT (Karl)

229. **Voitures Publiques de Paris** (Les Nouvelles), dessinées d'après nature. Suite de seize lithographies en larg. *Paris, Gihaut, s. d.*, in-4 obl. cart.

Superbes épreuves coloriées, à très grandes marges avec la couverture de publication.

230. **Le Drame de Wallestein,** par Schiller. Scènes esquissées et lithographiées par Loeillot. Suite de seize pièces en larg. *Paris, chez Rittner et Goupil, s. d.,* grand in-4 obl. cart.

Belles épreuves sur papier de Chine, grandes marges.

LOUIS (Paul)

231. **Les Contrastes.** Suite de douze lithographies en larg. à deux sujets à la feuille. *Paris, chez Hautecœur-Martinet, s. d.,* in-4 obl. cart.

Très belles épreuves coloriées, grandes marges.

MADOU

232. **Album de 1834.** Suite de six lithographies in-4. — Six nouveaux sujets composés et dessinés sur pierre, par Madou, complément de son album de 1834. *Publiés et imprimés par Ch. Motte.* In-4 cart. ensemble 12 pièces.

Très belles épreuves sur papier de Chine à toutes marges, avec la couverture de publication.

233. **Album de douze sujets.** Composés et dessinés sur pierre par Madou, de Bruxelles, 1831. *Imprimé et publié à Paris chez Ch. Motte,* in-4 cart.

Très belles épreuves sur papier de Chine à toutes marges, avec la couverture de publication.

MADOU

234. **Etrennes pour 1831**, ou album lithographique, composé de douze sujets. *Bruxelles, chez Dewasme-Pletinckx*, in-4 cart.

    Très belles épreuves à toutes marges avec la couverture de publication.

235. **Etrennes pittoresques.** 40 Rébus lithographies d'après les dessins de Madou. *Publiés par Dero-Becker, Paris, s. d.*, in-4 cart.

    Très belles épreuves avec titre et table.

236. **Les Jeux.** XII dessins lithographiques, 1833. *Publié et imprimé par Ch. Motte*, in-4 cart.

    Très belles épreuves à toutes marges avec la couverture illustrée de publication.

237. **Souvenirs de Bruxelles.** Un titre et sept lithographies en larg. *Publiés par Dero-Becker*, in-4 cart.

    Belles épreuves coloriées, marges inégales.

238. **Souvenirs de Bruxelles.** Suite de douze lithographies en larg. *Lithog. de Jobard, s. d.*, avec texte explicatif en regard, in-4 cart.

    Belles épreuves, marges.

239. **Souvenirs d'Emigration Polonaise.** Suite de cinq sujets en larg. *Bruxelles, Lithog. de Van den Burggraff, s. d.* (1834), in-4, cart.

    Très belles épreuves.

240. **Vues de Bruxelles.** Douze sujets composés et dessinés sur pierre, par Madou, de Bruxelles. *Bruxelles*, 1832, in-4 cart.

    Très belles épreuves à grandes marges, avec la couverture illustrée de publication.

MADOU PIGAL

241. Sujets d'albums. — Scènes familières. Quinze lithographies in-4.

    Belles épreuves coloriées.

MANET (Edouard).

242. Polichinelle, chromolithographie in-fol.

Très belle épreuve de cette pièce, tirée à 25 exemplaires (n° 24).

MARCELLIN

243. **Le tabac et les fumeurs.** Suite de un titre et vingt-quatre lithographies. *Paris, au bureau du Journal amusant,* in-4 cart.

Très belles épreuves, marges.

MARLET

244. Le Courage malheureux. Lithog. en larg., de *C. de Lasteyrie*.

Belle épreuve.

MONNIER (Henry).

245. **Mœurs administratives,** dessinées d'après nature. Suite de un titre et six lithographies. *Paris, Delpech, s. d.,* (377-383), in-4 cart.

Très belles épreuves coloriées, grandes marges.

246. **Mœurs administratives,** dessinées d'après nature, par Henry Monnier, ex-employé au ministère de la Justice. Suite de un titre et douze lithographies en larg. (384-396) in-4 obl. cart.

Très belles épreuves coloriées, grandes marges.

247. **Galerie théâtrale.** Suite de vingt-quatre lithographies en larg. *Paris, chez H. Gaugain, s. d.* (397-421), in-4 cart.

Superbes épreuves à toutes marges avec la couverture illustrée de publication.

248. **Six Quartiers de Paris.** Suite de un titre et six lithographies en larg. *Paris, Delpech,* 1828 (432-438), in-4 cart.

Très belles épreuves coloriées, grandes marges.

MONNIER (Henry)

249. Vignettes pour les dernières chansons de Béranger (chez Fabré 1873), deux portraits et vingt-quatre pièces in-8 (674-703), demi-rel. t., av. coins.

> Epreuves avant la lettre, coloriées. On y a joint quatre pièces, réduction des lithographies in-4. Ensemble trente pièces.

MONTHELIER ET TIRPENNE

250. **Dieppe et ses environs.** Souvenirs et croquis. Figures de Victor Adam. Suite de vingt-six lithographies. *A Paris, chez Tirpenne*, s. d., pet. in-fol. cart.

> Belles épreuves du 1er tirage, avec titre et texte, grandes marges.

MORNER (C^t H.)

251. **Humourous Sketches**, 1838. Suite de un titre et douze lithographies en larg. *Printed by graffe and Soret*, in-4 cart.

> Très belles épreuves coloriées à toutes marges, rare.

252. **Scènes Napolitaines.** Suite de douze lithographies en larg. *Paris, chez Gihaut*, s. d., in-4 cart.

> Très belles épreuves coloriées, grandes marges.

MOUILLERON

253. Titres de Romances. Quatre lithographies.

> Très belles épreuves sur papier de Chine.

NANTEUIL (Célestin)

254. Titres de romances, publiées de 1850 à 1865. Deux cent soixante-une pièces in-4 (trois lots).

> Très belles épreuves d'artistes sur papier de Chine avant la lettre pour la plupart.

NAPOLÉON (Pièces sur)

255. Enfance de Napoléon. — Bonaparte chez le duc de Florence. — Retraite de Leipzig. — Jemmapes. — Montmirail. — Valmy. Six lithographies in-fol. en larg. d'après et par H. Vernet, Bosio, Grenier et Marin Lavigne.

> Belles épreuves, trois sont sur papier de Chine.

NASH (J.)

256. **Exposition de Londres, 1852.** Suite de seize lithographies en larg. *London, Dickinson Broth*, s. d., in-fol. obl. cart.

Très belles épreuves coloriées, grandes marges.

ORLÉANS (Famille d')

257. Louis-Philippe 1er reçoit la visite de Victoria, Reine d'Angleterre à Eu. Lithog. en larg. par N. Maurin.

Belle épreuve sur papier de Chine.

258. Famille Royale. Lithog. in-fol en larg. par N. Maurin.

Belle épreuve sur papier de Chine.

259. Louis-Philippe soignant le Postillon Werner. Lithog. in-fol. en larg. d'après Eugène Lami, avec la planche explicative.

Très belle épreuve coloriée avant toutes lettres, sur papier de Chine.

260. Portrait du Roi Louis-Philippe à cheval, lithog. in-fol., par N. Maurin. d'après Eug. Lami.

Très belle épreuve, grandes marges

261. Louis-Philippe 1er. — *Nemours* (duc de). — *Orléans* (duc d'). — *Montpensier* (duc de). — *Orléans* (S. A. R. Mme la duchesse d'). Cinq portraits de divers formats.

Très belles épreuves. Trois sont sur papier de Chine.

262. *Joinville* (Prince de). — *Berry* (duc de). — *Princesses*. Cinq portraits in-fol. Lithog. par N. Maurin.

Belles épreuves.

263. Famille d'Orléans. Suite de huit portraits en pied. Lithog. de H. Grévedon, d'après F. Winterhalter.

Belles épreuves sur papier de Chine.

PARIS (Pièces sur)

264. **Physionomies de Paris.** Les Tuileries. — Palais de l'Industrie. — Promenade au bois. — Les Courses. Quatre lithographies par Guérard et Gilbert, in-fol. en larg.

Belles épreuves, deux sont coloriées.

PRUDHON (P. P.)

265. Une famille malheureuse. Lithographie in-8.

Trois épreuves dont une sans marges.

RAFFET (Aug.)

266. Dupont, naturaliste (H. Giacomelli 1 RRR.).

Très belle épreuve sur papier de Chine à toutes marges.

267. *Aumale* (S. A. R. le duc d'), 1843 (8).

Superbe épreuve du 1er tirage sur papier de Chine court, avec la mention manuscrite : *modèle*.

268. *Demidoff* (Le Prince A. de) (10 RR.).

Très belle épreuve sur papier de Chine imprimé sur ton rehaussé.

269. *Marches.* (Le Bon Alfred de) sur son lit de mort (11. RR.).

Très belle épreuve sur papier de Chine, imprimée à deux teintes.

270. *Saint-Arnaud* (Le maréchal de) (15)

Belle épreuve du 1er tirage sur papier de Chine.

271. *Maule*, colonel des Higlanders, 79e régiment (19 RR).

Très belle épreuve sur papier de Chine.

272. *Douay* (F.), capitaine au 32e de ligne (22 RR).

Très belle épreuve.

273. *Baraguay-d'Hilliers* (Le Maréchal), en buste (24 RR).

Très belle épreuve du 1er tirage avant toutes lettres sur papier de Chine.

274. *Baraguay-d'Hilliers*, maréchal de France (26 R).

Très belle épreuve avant la lettre sur papier de Chine, à toutes marges.

RAFFET (Aug.)

275. *Regnault de Saint-Jean d'Angély*, général de division (27).

   Très belle épreuve du 1er tirage, avant la lettre sur papier de Chine.

276. *Castelnau*, chef d'escadron d'état-major (29 RR).

   Très belle épreuve avant la lettre, sur papier de Chine.

277. *Antonelli* (Le cardinal) (30 RR).— *Le Pape Pie IX* (31 RRR). Deux portraits.

   Très belles épreuves avant la lettre sur papier de Chine.

278. *Oudinot* (Le général) (36 RR).

   Très belle épreuve avant toutes lettres sur papier de Chine.

279. Le Séjour de garnison (66 R).

   Très belle épreuve, marges.

280. Artillerie légère en action (67 R). — Manœuvre à la prolonge (68 R). Deux pièces.

   Belles épreuves, doublées.

281. Retraite du bataillon sacré à Waterloo 18 juin 1815 (80 R.).

   Superbe épreuve du 1er tirage, de la plus grande fraicheur.

282. — La même pièce.

   Très belle épreuve du 1er tirage. (Petites mouillures dans le bas de la marge).

283. Combat d'Oued-Alleg. 31 décembre 1839 (82).

   Très belle épreuve du 1er tirage avec l'adresse de la rue Favart. Grandes marges. (Piqûres d'humidité).

284. Le Drapeau du 17e léger, 15 septembre 1841 (83).

   Superbe épreuve du 1er tirage sur Chine court avec la mention manuscrite : *modèle septembre 1841*.

285. Le Réveil, 1848 (85).

   Très belle et rare épreuve du 2e état sur papier de Chine court. avec le titre fin et avant que le n° de l'adresse n'ait été reporté en avant du nom de la rue.

RAFFET (Aug.)

286. Le Réveil, 1848 (85).

   Epreuve sur papier de Chine du 3ᵉ tirage avec la grande lettre, petites marges.

287. Le Rêve, 1854 (86).

   Superbe épreuve d'essai, sur blanc, avant toutes lettres et avec de nombreuses salissures sur la pierre, de toute rareté.

288. Un génie ailé plane dans l'espace, une flamme brille au sommet de sa tête ; d'une main il élève une poignée de livres, et de l'autre montre le ciel (97 R.).

   Très belle épreuve avant la lettre sur papier de Chine, d'un petit frontispice : pour l'*Imprimeur-lithographe* par Aug. Bry, Paris, 1835.

289. Revue du 29 août 1830.

   Très belle épreuve sur papier de Chine.

290. Une Portière, assise dans sa loge, écoute ainsi qu'un jeune homme placé auprès d'elle, le récit d'une vieille femme (117 R. R.)

   Très belle épreuve avant la lettre sur papier de Chine, à toutes marges. (Nous ne connaissons qu'une épreuve de cette pièce imprimée sur papier de Chine, elle ne porte aucune inscription autre que celle de Lith. Pinget). (H. G., page 55).

291. Affiche pour *Napoléon en Egypte*, poème de Barthélemy et Méry (119 R.).

   Très belle épreuve, marges.

292. Affiche pour *la Némésis* de Barthélemy (120 R.).

   Très belle épreuve.

293. — La même pièce.

   Très belle épreuve tirée avec cache-lettre.

294. Petite affiche pour *l'Histoire de Napoléon*, par de Norvins (122 R.).

   Superbe épreuve sur papier de Chine de la plus grande fraîcheur.

RAFFET (Aug.)

295. Affiche pour le *Compagnon du Tour de France*, par Georges Sand (123 R.).

    Très belle épreuve tirée avec un cache-lettre.

296. Le Testament de Pigault-Lebrun (145). — Bernard et Mouton (146). — Le Deshérité (148). — 1813 (149). — Etat-Major 1794 (150). Cinq pièces publiées par l'*Artiste*, 1835 à 1837.

    Belles épreuves.

297. Episode de la campagne de Russie (147).

    Très belle épreuve sur papier de Chine de cette copie délicate et fidèle du beau tableau que Charlet exposa au Salon de 1836.

298. Episode de la Prise d'Alger, 1831 (154 R. R.).

    Très belle épreuve, grandes marges.

299. Episode de la Prise d'Alger, 2ᵉ planche (155 R. R.).

    Belle épreuve remargée à plat.

300. Craonne, 1814 (158 RRR.).

    Superbe et rarissime épreuve sur papier de Chine de cette composition saisissante. « Nous ne connaissons qu'une épreuve imprimée sur chine avec marges, sans aucun nom. » (H. G. page 71).

301. Le marchand de Chansons (159 R.).

    Belle épreuve d'une pièce inachevée.

302. Infanterie Polonaise marchant à l'ennemi 1813 (161).

    Belle épreuve, grandes marges.

303. Massacre des Polonais à Fischau (162 R.).

    Très belle épreuve sur papier de Chine appliqué.

304. Les Drapeaux 1859 (196 RRR.).

    Superbe épreuve sur papier de Chine à toutes marges, d'une pièce tirée à quelques épreuves.

RAFFET (Aug.).

305. Les Drapeaux 1859 (197 RRR.).

> Répétition de la pièce précédente, avec la différence suivante : la cravate d'un drapeau à gauche est soulevée par le vent. Très belle épreuve sur papier de Chine à toutes marges d'une pièce tirée à quelques épreuves.

306. **Croquis pour l'amusement des enfants** 1828-1829. Suite de vingt lithographies en larg. de plusieurs sujets à la feuille avec la couverture (296-316). — Huit feuilles de croquis formant suite au précédent recueil (317-324), ensemble vingt-huit pièces in-4 cart.

> Très belles épreuves, marges.

307. **Albums lithographiques de 1830 à 1837.** Collection complète de cent quatre lithographies in-4, y compris les titres frontispices (325-429).

> Très belles épreuves presque toutes du 1er tirage. On y a joint les couvertures de 1830-1834-1836 et 1837. Quelques épreuves on des piqûres d'humidité. Réunion très rare.

308. La Revue Nocturne (429).

> Superbe épreuve du 1er tirage sur Chine court.

309. **Siège d'Anvers.** Dessins faits d'après nature au siège de la citadelle d'Anvers. Suite de vingt-quatre lithographies en larg. (508 à 533), pet. in-fol. en larg. cart.

> Très belles épreuves sur Chine et sur blanc (une plus courte), avec la couverture illustrée de publication. Suite rare.

310. **Retraite de Constantine.** Suite de six lithographies en larg. (536 à 542), pet. in-fol. obl. cart.

> Très belles épreuves du 1er tirage sur papier de Chine, grandes marges avec la couverture illustrée de publication.

311. **Prise de Constantine.** Suite de douze lithographies en larg. (543 à 556), pet. in-fol. obl. cart.

> Très belles épreuves du 1er tirage sur papier de Chine, grandes marges.

RAFFET (Aug.).

312. **Expédition et Siège de Rome.** Suite de trente-six lithographies (557-593), in-fol. demi-rel. chag. r., avec coins, ébarbé.

    Très belles épreuves sur papier de Chine. On y a joint les planches portant les N°s 7, 19, 25, 26, 30 et 32 en 1er état tirées sur chine court et avec remarques dans les légendes.

313. **Voyage dans la Russie Méridionale et la Crimée,** par la Hongrie, la Valachie et la Moldavie, exécuté en 1837, sous la direction du Prince Anatole de Demidoff (594-702). Suite de cent lithographies in-fol., demi-rel. chag. v., avec coins, ébarbé, avec le texte explicatif.

    Très belles épreuves sur papier de Chine, grandes marges.

314. Cinq mai !. — Le défilé nocturne. — Le cri de Waterloo. Trois projets de tableaux esquissés à la plume, fac-simile par Emile Bry (780, 781, 782).

    Très belles épreuves.

RANDON

315. **Messieurs nos fils et Mesdemoiselles nos filles.** Suite de vingt lithographies à plusieurs sujets à la feuille. *Paris, E. Philippon,* s. d., in-4 cart.

    Belles épreuves, marges, avec la couverture illustrée de publication.

RICHOUX (L.)

316. **Bourbonne-les-Bains** (Album des baigneurs de). Suite de un titre, un plan et dix lithographies en larg. — **Souvenirs de l'Etablissement militaire de Bourbonne-les-Bains.** Titre, plan et six lithographies en larg. Ensemble vingt pièces lithographiées par MM. Courtin, Jaccottet et Sorieux, avec figures par Victor Adam, in-4 obl. cart.

    Très belles épreuves coloriées sur papier de Chine, grandes marges.

ROQUEPLAN (Camille)

317. **Album de douze sujets**, composés et dessinés sur pierre par Roqueplan, *publié chez Ch. Motte, s. d.* (1830), in-4 cart.

   Très belles épreuves sur papier de Chine à toutes marges avec la couverture illustrée de publication.

318. **Album de douze sujets**, composés et dessinés sur pierre par Roqueplan, 1831. *Publié à Paris, chez Ch. Motte*, in-4 cart.

   Très belles épreuves sur papier de Chine à toutes marges, avec la couverture illustrée de publication.

319. **L'orage** (Diligence surprise par la marée montante) (H. B. 61).

   Très belle épreuve avant la lettre, marges.

SCHEFFER (Jean-Gabriel)

320. **Ce qu'on dit et ce qu'on pense.** Petites scènes du monde. Suite de soixante lithographies en larg. *Paris, Lith. de Gihaut, s. d.*, in-4 obl. cart.

   Très belles épreuves coloriées à toutes marges de cette suite excessivement rare complète (Il manque les Nos 37, 44, 49, 53 et 55), avec la couverture illustrée de publication.

321. **Petits travers.** Suite de douze lithographies en larg. A *Paris, chez Chaillou, s. d.*, in-4 cart.

   Très belles épreuves coloriées, grandes marges.

SEBBERS (F.)

322. Mesdemoiselles de Biron, 1836.

   Très belle épreuve avant la lettre, marges.

SEM

323. Album de charges, 3ᵉ série.

   Recueil contenant trente-trois pièces coloriées, cartonnage de publication.

SINGRY

324. *Louise-Auguste-Wilhelmine-Amélie,* Reine de Prusse ; in-4. Lith. de Villain.

 Très belle épreuve avec le cachet.

SWEBACH (Edouard)

325. **Désagrémens de la chasse à courre.** Suite de douze sujets en larg., dessinés et lithographiés par Ed. Swebach. *Bruxelles, chez de Wasme, s. d.*, in-4 obl. cart.

 Très belles épreuves coloriées, grandes marges, avec la couverture illustrée de publication.

326. **Semaine parisienne.** Album National, Journées de 1830. Suite de 12 lithographies en larg., in-4 cart.

 Très belles épreuves coloriées, grandes marges.

THOMAS

327. **Le Rêve** ou les effets du Romantisme sur un jeune surnuméraire à l'arriéré. Poème en six chants (avec quelques inversions de rigueur). Sorti de la plume d'un anonyme bien connu. Orné de croquis composés et lithographiés par Thomas, Janvier 1829. *Paris, Delpech,* pet. in-fol. obl. cart., avec texte explicatif.

 Très belles épreuves coloriées, grandes marges, avec la couverture illustrée de publication.

TURPIN DE CRISSÉ (Comte T.)

328. **Souvenirs du vieux Paris.** Exemples d'architecture, de temps et de styles divers. 30 sujets dessinés d'après nature et lithographiés par le Cte Turpin de Crissé. *Paris,* s. d., pet. in-fol., demi-rel. maroq. bl. av. coins, ébarbé.

 Très belles épreuves coloriées, grandes marges, avec la couverture illustrée de publication.

VERNET (Carle)

329. **Accidents de chasse.** Suite de douze lithographies en larg. *A Paris, chez Delpech,* s. d., in-4 obl., cart.

 Très belles épreuves coloriées, grandes marges.

VERNET (Horace)

Son œuvre lithographique, composée d'environ trois cent quatre-vingts pièces, dont une grande partie en épreuves de choix et de tout premier tirage. Cette œuvre formée par M. Parguez et ayant appartenu à M. Moignon, sera offerte en entier aux amateurs sur la mise à prix de sept cents francs. Si cette enchère n'est pas couverte, elle sera vendue séparément, comme il est indiqué ci-après.

330. Portraits différents de l'artiste. Quinze lithographies et gravures par E. Lassalle, J. Boilly, Julien, Crépy, le Prince, Tixier de Ladouce, Fr. Gaillard (1er état), Belliard, Krüger, Dantan, Benjamin, Alophe, L. Massard, Desmaisons et autres.

Très belles épreuves.

331. **Portraits.** Madame Perregaux en buste. Signé H. V., in-8. *De Lasteyrie, lithog.* (H. B. 1), tirage à quelques épreuves. — La même, en pied (2, 2 états). Trois portraits.

Très belles épreuves.

332. *Mohammed Ali Pacha*, Vice-Roi d'Egypte (5, 2 états). — Massacre des mamelucks révoltés dans le château du Caire. — Intérieur d'un Jardin à Constantinople. — Ismaïl et Mariani (193-195). Cinq lithographies tirées du voyage du levant par le Comte de Forbin.

Très belles épreuves.

333. *Vernet* (Carle), buste 1817 (3, 2 états). — Le même en pied, dessinant, in-4 (4, 2 états). — *Boyer*, Président d'Haïti, in-8 (6). — *Cyrus Gérard*, fils du général, âgé de 10 mois (15). — *H. B. Thornill*, sous le titre de : Le petit oiseleur, in-4 (7). — *Talma* (8, 2 états). — *Perlé* (9). — *Sinné*, sauvage, 2 états. — *Louvel* (10). — *Quiroga* (Le général) (11). — *Maurocardato* (12). — *Chauvelin* (13, 2 états). — *Dupin aîné* (14, 2 états). Dix-neuf portraits de tous formats.

Très belles épreuves.

VERNET (Horace)

334. *Muraire*, Président de la Cour de Cassation (16). — *Magdonald* (La Maréchale) décolletée (17). — *Verdière* (Le Colonel) à cheval, in-4 (18). — *Foy* (Le Général), 2 différents (19,20). — *Pelletier Chambure* (60). — *Sébastiani* (Général) (22, 2 états). — *Bruzard*, 1828 (22, 2 états). — *Guérin* (P.), Rome, 1830 (24, 2 états). — *Pie VIII* (25, 2 états). — *Gagarine* (Le Prince Grégoire), en page (26, 2 états). — *Brod*, musicien (27). Vingt portraits de divers formats.
Très belles épreuves.

335. **Sujets militaires.** Le Lancier en vedette, gr. in-8. *Lithographié par Engelmann*, 1816. C'est la première lithographie de l'artiste (28).
Très belle épreuve, rare.

336. Un petit Napoléon à cheval, vu de dos (29). — Napoléon sur un Cap de l'Ile d'Elbe (34, 2 états). Superbes épreuves. Deux sont avant toutes lettres.

337. La pièce en batterie (30). — La pièce en action (31). — Blessés français attaqués par des Cosaques (32, 2 états). Quatre lithographies.
Très belles épreuves.

338. Mort de Poniatowsky, in-fol. en larg. 1817 (33).
Très belle épreuve, marges.

339. Le Troubadour français au tombeau de Poniatowsky, in-4 en larg. (149), 3 états différents.
Très belles épreuves.

340. Grenadier de Waterloo debout le bras en écharpe, in-8, 1817, " fait en 10 minutes " (35, 2 états). — Grenadier blessé (36, 2 états). — Le Champ d'asile (36 *bis*). — Eclaireur de 1er rang. Eclaireur de 2e rang, 2 p. (37-38). — Tombeau du colonel Moncey (39, 2 états). Dix lithographies.
Très belles épreuves.

VERNET (Horace)

341. Bivouac Français, 1818 (40). Prise d'une redoute par les grenadiers Français (41). Deux lithographies in-fol. en larg.
   Très belles épreuves.

342. Qui vive ? (42, 2 états). — Officier d'artillerie parlant à un cavalier démonté (43, 2 états). — Embuscade d'infanterie (44, 2 états). — Deux soldats de cavalerie Espagnole (45, 2 états). — Infanterie attaquant un mur de clôture (46, 2 états). — Fantassin blessé (47, 3 états). — Tirailleurs derrière un mur (48, 2 états). — Artilleur allumant une mine (49, 2 états). - Chasseur à cheval chargeant (50). — Infanterie passant une rivière (51, 2 états). — Débarquement de marins armés (52, 2 états). — Vingt-neuf lithographies.
   Très belles épreuves.

343. Soldat je le pleure (53, 2 états). — Enfance de Napoléon, 54, 2 états). — Le Pont d'Arcole (55). — Retour de Syrie (56, 2 états). — Grenadier à pied, cavalier. 2 p. pour la suite d'Eugène Lami, 1822 (57-58). — Partisan volontaire (59). — La sœur de Charité (61). — Le général Gérard à Kowno (62, 3 états). — Scène d'Auvergne en 1815 (63, 2 états). — Escorte d'un officier russe (64, 2 états). — Soldats Français instruisant des grecs (66). Vingt lithographies.
   Très belles épreuves.

334. Hussard embrassant une servante (67), 2 états, *chez Lasteyrie*.
   Très belles épreuves.

335. **Scènes de la vie militaire**. La cuisine militaire (68, 2 états). — Soldats jouant à la drogue (69). — Les suites du jeu de la drogue (70). — La Réconciliation (71). — La cuisine au Bivouac (72). — Hussard et sa famille au Bivouac (73, 1er état). -- Deux soldats ivres s'embrassant (74, 2 états). Invalide faisant danser un enfant (75, 2 états). — Les délassements du soldat (76, 2 états). — Petits, Petits (77, 2 états). — Tiens ferme (78, 2 états). — Qui dort, dîne (79, 2 états). — L'apprenti cavalier (80, 2 états). — Les Fourrageurs (81, 2 états). — Coquin de temps. — Chien de métier. — Gredin de sort. -- J'te vas descendre, 4 p. (82 à 85, 2 états). — Mon caporal, j'n'ai pu avoir que ça (86, 2 états). — Mon lieutenant, c'est un conscrit (87, 2 états). — Ce n'est pas un lapin, c'est le chat (88, 2 états) ; ensemble trente-cinq lithographies in-4.
   Très belles épreuves.

VERNET (Horace)

346. La vie d'un soldat. Suite de 5 lithographies, pet. in-fol. en larg. (89 à 93).

    Très belles épreuves en double état, ensemble dix pièces.

347. Malle-Poste. — A Stage Coach. Deux lithographies in-fol. en larg. (94-95).

    Très belles épreuves, marges.

348. — Les mêmes pièces.

    Superbes épreuves avant la lettre, marges, très rare.

349. **Sujets de chasse.** Réunion de trente-cinq pièces en différents états des n°s (96 à 115).

    Très belles épreuves, réunion rare.

350. Les Forçats, in-4 en larg. (116) *chez Delpech*.

    Deux belles épreuves, dont une avant la lettre, marges.

351. Commissionnaire portant une pierre lithographique (titre d'album) in-4 en larg. (117).

    Deux belles épreuves, dont une avant la lettre, grandes marges.

352. Billet d'entrée pour le cours de zoonomie de M. Hezeau (L'Ecorché de Houdon), (118, 2 épr.). — Tableau du squelette de l'homme (118 bis). — Sujet militaire. Quatre lithographies.

    Très belles épreuves.

353. Tête de facture du général Schmidt. Marchand de pierres (119).

    Deux belles épreuves dont une avant la lettre, pièces curieuses et rares.

354. Diner de Gardes Nationaux, tête de lettre pour invitation hebdomadaire. (120, 2 états).

    Très belles épreuves, petites marges.

VERNET (Horace)

355. Fables et contes de Lafontaine. Suite de vingt-deux lithographies in-4 en larg. (128-147).

    Très belles épreuves.

356. La Henriade de Voltaire. Suite de dix-huit lithographies en larg. (171-188).

    Très belles épreuves en double : état avant et avec la lettre, plus 2 doubles. Ensemble trente-huit pièces.

357. **Vignettes, Illustrations, Essais de romantisme. — Sujets divers**. Réunion de quatre-vingt-sept lithographies de divers formats, des n^{os} (122 à 226).

    Très belles épreuves, la plupart en états différents.

358. Le Duc d'Orléans à Vendôme (227).

    Deux belles épreuves dont une avant la lettre, grandes marges.

GRAVURES ENCADRÉES

BELLANGÉ (H^{te})

359. Départ pour Rambouillet. Révolution de 1830 (3 août). Lithogr. gr. in-4 en larg.

Très belle épreuve coloriée.

BODMER

360. Le Refuge. Lithographie in-fol. en larg.

Belle épreuve avant la lettre sur papier de Chine.

COQUERET

361. Rentrée de Mameluck au fort, d'après Carle Vernet.

Belle épreuve.

DEBUCOURT (P. L.)

362. Cheval arabe de Mameluck (M. F. 140).

Très belle épreuve du 2ᵉ état avant le titre, mais avec les signatures et l'adresse, marges.

363. Une Course au Champ de Mars. — L'Arrivée. Deux pièces faisant pendants d'après Carle Vernet (M. F. 225 et 322).

Belles épreuves du 2ᵉ état, marges.

FLAMENG (Léopold)

364. Le marché aux chevaux, d'après Rosa Bonheur ; in-4 en larg.

Epreuve de graveur avec remarque, signée. Tirage à dix exemplaires).

JAZET

365. L'atelier d'Horace Vernet, d'après Horace Vernet ; gr. in-fol. en larg.

Belle épreuve.

LAMI (Eugène).

366. Tandem. *Lithogr. de C. de Lasteyrie.* In-4 en larg.
Très belle épreuve coloriée.

367. Un trottoir dans la cité. Lithogr. in-4 en larg.
Belle épreuve en noir.

LAMI (d'après Eugène)

368. Société des chasses de Rambouillet (portraits des sociétaires en groupe), 1853 55, par Paul Girardet, gr. in-fol. en larg.
Très belle épreuve avant la lettre, grandes marges.

LAMI et MONNIER

369. Londres, une grande rue à 5 heures du soir. Lithographie gr. in-4 en larg.
Très belle épreuve coloriée.

LEGRAND (Paul).

370. La Marchande d'oranges. — Le Marchand de mouchoirs. Deux pièces faisant pendants, d'après Drolling.
Très belles épreuves imprimées en couleur. Grandes marges, rare.

MONNIER (Henri).

371. French Postillon. Lithogr. in-4.
Belle épreuve coloriée.

MOREAU LE JEUNE (J. M.)

372. Décoration du Sacre de Louis XVI, roi de France et de Navarre, à Reims, le 11 juin 1775, sous les ordres de M. le Maréchal duc de Duras, dessiné d'après nature et gravé par J. M. Moreau le Jeune. (E. B. 254).
Très belle épreuve de l'ancien tirage, marges.

PICHLER

373. Les fils de P. P. Rubens, d'après Van Dyck ; in-fol. à la manière noire.
Très belle épreuve.

RAFFET (Aug.)

374. Demi-bataillon de gauche...... Lithogr. in-4 en larg.

Très belle épreuve.

REYNOLDS

375. Chasse au Marais ; in-fol. en larg., gravé à la manière noire d'après C. Vernet.

Belle épreuve.

SCOTT

376. Friend, d'après Cooper ; in-4.

Belle épreuve.

THORBURN (d'après)

377. The end of the line ; eau-forte par Frank Paton, 1889.

Belle épreuve.

VERNET (Carle)

378. Le Marché aux chevaux. Lithogr. in-4 en larg.

Belle épreuve coloriée.

WHYMPER (d'après)

379. An Awkward dilemma. — Duck-Shooting. — Partridge driving. — Partridge Shooting. — Woodcock Shooting. Suite de cinq pièces gravées à l'eau-forte par Murray, Slocombe, Robertson et Sedcole, 1885-1891.

Belles épreuves.

LIVRES & RECUEILS

380. **Abrégé** de la Vie des plus fameux peintres, par d'Argenville, avec leurs portraits gravés en taille-douce. *A Paris, chez De Bure l'aîné*, 1745, 3 vol. in-4, rel. v.

381. **Album de la Mode.** Chroniques du monde fashionable ou choix de morceaux de littérature contemporaine, par Jules Janin, Henri Martin, Dumas, Drouineau, Borel, etc. *Paris, Louis Janet*, 1833, in-12 cart.

    Ouvrage orné de un titre-frontispice et de nombreuses lithographies.

382. **Alhoy** (Maurice). Le chapitre des accidents, illustré d'après les dessins de Victor Adam. *Paris, Soulié, s. d.*, in-8 obl. cart.

    Ouvrage orné de vingt-quatre lithographies.

383. **Alken** (Henry). A Touch at the fine arts : illustrated by twelve plates, with descriptions. *London, by Thomas Mc Lean*, 1824, gr. in-8, demi-rel. maroq. grenat, avec coins, ébarbé.

    Très belles épreuves coloriées.

384. **Alken** (Henry). Symptoms of being Amused. *London, published by Th. Mc Lean*, 1822, in 4 obl., demi-rel. maroq. gr., avec coins, ébarbé.

    Très bel exemplaire comprenant un titre et 40 planches de caricatures coloriées.

385. **Art de mettre sa cravate** (l') ou mille et une manières enseignées par principes. *Paris, Ledoyen*, 1832, in-18, cart. ébarbé.

    Bel exemplaire orné de deux lithographies.

LIVRES et RECUEILS

386. " **Ask Mamma** " or the richest commoner in England, by the author of " Handley Cross " " Sponges Sporting Tour ", etc., with illustrations, by John Leech. *London, Bradbury, Agnew and C°*, in-8, cart. de l'éditeur.

Nombreuses illustrations dans le texte et planches coloriées.

387. **A Tour through Paris**, illustrated with twenty one coloured plates, accompanied with descriptive letter-press. *London, Williams Sains*, s. d., in-4, demi-rel. m. v., t. d.

Très belles épreuves en couleur, reliure un peu défraîchie.

388. **Balzac** (de). Les Contes drôlatiques colligez ez Abbayes de Touraine. 5e édition illustrée de 425 dessins par Gustave Doré. *Paris*, 1855, in-12, demi-rel. chag.

1er tirage des illustrations.

389. **Beattie** (William). La Suisse pittoresque ornée de vues dessinées spécialement pour cet ouvrage. *Londres, G. Virtue*, 1836, 2 vol. in-4, dem.-rel.

Nombreuses gravures sur acier.

390. **Beaux-Arts** (les). Illustration des arts et de la littérature. Tomes 1 et 2. *Paris, L. Curmer*, 1843-1844, 2 vol. in-4 cart. de l'éditeur, ébarbé.

Bel exemplaire avec les couvertures sur les plats, nombreuses illustrations.

391. **Boilly** (Louis). Œuvres humoristiques, grimaces, scènes de la rue, etc. Grand in-4, dem.-rel. mar. v. av. coins, t. d.

Recueil contenant 25 lithographies coloriées. Très belles épreuves.

392. **Careless** (John) Esq. The old English Squire. A poem, in ten cantos. *London, Th. Mc Lean*, 1821, gr. in-8, dem.-rel. chag., non rog.

Très bel exemplaire orné de 24 curieuses caricatures coloriées non signées.

LIVRES et RECUEILS

393. **Catalogue** de l'Œuvre lithographique de M. J. E. Horace Vernet. *Paris, J. Gratiot*, 1826, petit in-8, dem.-rel.

    Exemplaire de M. Moignon.

394. **Cham**. Les Bains d'Ostende. Suite de un titre et de 12 lithographies in-4 cart.

    Epreuves coloriées.

395. **Cham**. Fantasias, titre et 30 lithog. — M. Papillon, titre et 20 lithog. — L'Art de réussir dans le Monde, titre et 20 lithographies.

    Trois albums.

396. **Charivari** (Le). Journal fondé par Ch. Philippon. 1re année du 1er décembre 1832 au 31 décembre 1833, le tout relié en 4 vol. in-4, dem.-rel. toile av. coins, ébarbé.

    Orné de nombreuses lithographies.

397. **Chasse**. Orme's Collection of British field sports. Illustrated in twenty beautifully, coloured engravings from designs by S. Howitt. *London, Edw. Orme*, 1807, in-fol. obl., dem.-rel. mar. gr. av. coins, ébarbé.

    Superbe titre-frontispice et 20 planches coloriées, recueil rare.

398. **Chasse**. Traité de Fauconnerie par A. Schlegel et A. H. Verster de Wulverhorst. *Leiden et Dusseldorff, chez Arnz et Cie*, 1844-53, gr. in-fol., dem.-rel. v. f., tr. dor., n. rog.

    Exemplaire bien complet avec les 14 grandes planches coloriées.

399. **Costumes**. Recueil des habillements de différentes nations, anciens et modernes et en particulier des vieux ajustements anglais; d'après les dessins de Holbein, de Vandyke, de Hollar, etc. *A Londres, publié par Thomas Jefferys*, 1757, 2 vol. in-4, dem.-rel. bas.

    Ouvrage orné de 240 costumes en pied. (Incomplet de la planche 240).

LIVRES et RECUEILS

185 — 400. **Costumes.** A Picturesque Representation of the Manners, customs, and amusements of the Russians, in one hundred coloured plates. With an accurate explanation of each plate in English and French. *London, by W. Bulmer and C°*, 1803, 3 tomes en un vol. pet. in-fol., dem.-rel. av. coins.
Bel exemplaire avec planches coloriées.

87 — 401. **Costumes.** Recueil de costumes de divers pays. France, Suisse, Italie, Espagne, Hollande, etc. 96 lithographies in-4 par H. Lecomte, Pigal et autres. *Paris*, 1817, dem.-rel. mar. r. av. coins, tr. d., n. r.
Belles épreuves coloriées à toutes marges.

14 — 402. **Costumes.** Souvenirs du quadrille exécuté à la Cour Impériale de Vienne, mars 1852, en feuilles.
Titre, table et dix-sept planches coloriées.

27 — 403. **Costume parisien.** *Modes de Paris.* Recueil contenant quarante-sept pièces coloriées in-8, d.-cart. toile av. coins.
Belles épreuves.

81 — 404. **Costumes militaires.** Victories of the Duke of Wellington from drawings, by R. Westall. *London, printed for Rodwell and Martin*, 1819, in-4, dem.-rel.
Bel exemplaire, contenant douze planches très finement coloriées.

16 — 405. **Costumes Belgiques.** Civils, militaires, religieux, anciens et modernes, dessinés par Madou. Vingt-cinq livraisons de cinq planches et une feuille de texte. *Bruxelles, J.-B. Jobart*, 1826, in-4, dem.-rel. ch. rouge, ébarbé.
Ouvrage contenant 124 lithographies, (manque la planche 71e).

101 — 406. **Costumes Hollandais.** Collection de costumes des provinces septentrionales du royaume des Pays-Bas, dessinés d'après nature par H. Greeven, lithographiés par Vallon de Villeneuve. *Amsterdam*, 1826, in-4, dem.-rel. maroq. bl. avec coins, t. d., n. rog.
Suite de vingt planches coloriées avec les couvertures de livraisons.

LIVRES ET RECUEILS

407. **Cutter** (the) in five lectures, upon the art and practice of Cutting, friends acquaintances and relation. *London, Printed for J. Carpenter*, 1808, in-12, dem.-rel. mar. v. av. coins, t. d., n. rog. (Noulhac).

Nombreuses illustrations dessinées et gravées par J. A. Atkinson. Rare.

408. **Demange** (P. R.). Mésaventures, suite de six lithographies en larg. de plusieurs sujets à la feuille, in-4 obl., d.-rel. bas. verte.

Très belles épreuves coloriées, rare.

409. **Devéria** (Achille). Contes de Lafontaine. Suite de trente lithographies in-4°. *Paris, Ardit*, s. d., dem.-rel. chag., av. coins.

Belles épreuves, avec la couverture illustrée de publication.

410. **Deyeux** (Th.). Le Vieux Chasseur, orné d'un frontispice et de 50 lithographies. A *Paris, Librairie Houdaille*, 1835. Gr. in-8, d.-rel.

Piqûres d'humidité.

411. **Elegant Girl** (The) or Virtuous principles the true source of elegant Manners, illustrated by twelve drawings. *London, Inmann*, 1817, in-4 obl., front. et pl. cart., non rog., couverture sur le cart.

Belles épreuves coloriées. Suite rare.

412. **Escrime**. Traité des armes, dédié au Roy par le Sr P. J. F. Girard, enseignant la manière de combattre de l'épée, de pointe seule, toutes les gardes étrangères, l'espadon, les piques, etc. *La Haye, P. de Hondt*, 1740, in-4 obl., rel. v. ant., t. rouge.

Bon exemplaire, bien complet des 116 planches hors texte, gravées en taille-douce.

413. **Gandais** (M.). Le Don Quichotte romantique, ou Voyage du docteur Syntaxe à la recherche du pittoresque et du romantique. Poème en XX chants, traduit librement de l'anglais et orné de 26 gravures. *A Paris, chez Pelicier*, 1821, in-8, dem.-rel. bas., av. c.

Bel exemplaire.

LIVRES ET RECUEILS

414. **Gatine.** Costumes des départements de la Seine-Inférieure, du Calvados, etc. Réunion de trente-huit planches in-4, demi-rel. gr., avec coins.

    Belles épreuves coloriées.

415. **Gatine.** Ma pensée s'y trouve. Suite de 12 pl. in-12 en larg. dans un étui.

    Très belles épreuves coloriées de cette jolie suite sur le triomphe de l'Amour.

416. **Gatine.** Travestissements. Suite de 22 planches publiées par De la Mésangère. 1827, in-4, demi-rel. maroq. r., av. coins.

    Belles épreuves.

417. **Géniole** (A.). Les femmes de Paris. Suite de 30 lithographies in-4, cart.

    Belles épreuves (taches d'humidité).

418. **Goncourt** (Eaux-fortes de Jules de). Notice et catalogue de Philippe Burty. *Paris, Librairie de l'Art*, 1876, in-fol. dans le cartonnage de publication.

    Tirage à 200 exemplaires (n° 185).

419. **Grandville** (J.-J.). Museum Dantanorama. Suite de douze lithographies par Grandville, Ramelet et Lependry. *Paris, chez Susse, s. d.*, in-4, cart.

    Belles épreuves de 1er tirage, avec la couverture illustrée de publication.

420. **Historical Portraiture** of leading events in the life of Ali Pacha, Vizier of Epirus, in a series of Desings, drawn by W. Davenport and Engraved by G. Hunt. *London, Mac Lean*, 1823. Gr. in-4, rel. cuir de Russie.

    Ouvrage orné de 6 planches en couleur (une est remargée).

421. **History of London** (The) illustrated by Views in London and Westminster, engraved by John Woods from original

LIVRES et RECUEILS

Drawings. *London, publ. by Orr and C°*, s. d., in-8, cart. de l'éditeur.

Nombreuses gravures sur acier.

422. **Houbigant** (A.-G.). Mœurs et costumes des Russes, représentés en 30 planches coloriées, exécutées en lithographies. *Paris, Didot*, 1817, pet. in-fol. rel. v.

Bel exemplaire.

423. **Hunt** (G.). Here and There over the water ; being cullings in a trip to the Netherlands (The Field of battle and battle Waterloo, etc.), by Omnium Gatherum. Engraved by G. Hunt. *London*, 1825, in-4, demi-rel. mar. r., av. coins, tr. d.

Très rare ouvrage orné de 24 gravures en couleur et 4 en noir de costumes et de scènes de mœurs belges de l'époque.

424. **Janin** (Jules). Un hiver à Paris. *Paris, chez Aubert*, 1843. Nombreuses illustrations, in-8, rel. chag. v., t. d.

Exemplaire fatigué.

425. **Lessons of Thrift** published for général Benefit. By a member of the save all Club. *London, Thomas Boys*, 1820, in-8, fig., demi-rel., av. coins.

Nombreuses planches en couleur.

426. **Loutherbourg** (P. J. de). The Romantic and Picturesque scenery of England and Wales from drawings by P. J. de Loutherbourg. *London, Bowyer*, 1805, pet. in-fol. demi-rel. mar. gr., tr. d.

Recueil orné d'un frontispice et 48 planches en couleur gravées par J. Pickett et coloriées par J. Clarke.

427. **Marlet**. Nouveaux tableaux de Paris, soixante-et-onze lithographies en larg. avec le texte explicatif en regard, in-4, demi-rel. mar. v., av. coins, non rogné.

Très bel exemplaire avec les planches coloriées. On y a joint deux dessins de l'artiste : Marchande de Macarons aux Champs-Elysées et le Porteur à la Halle.

LIVRES ET RECUEILS

428. **Martial-Potémont.** Lettre illustrée sur le Salon de 1865. Suite de vingt eaux-fortes pet. in-fol. demi-rel.

    Epreuves sur papier de Chine.

429. **Martial-Potémont.** Paris en 1867. Suite de 48 eaux-fortes. — Exposition des beaux-arts ; 1868, 8 planches. Ensemble 56 pièces gravées à l'eau-forte, grand in-4, cart.

430. **Martial Achievements** (The) of Great Britain an her Allies ; from 1799 to 1815. *London, printed for J. Jenkis*, 1814-1815, gr. in-4, fig., demi-rel. mar. rouge, avec coins, non rogné.

    Relation des campagnes soutenues par l'Angleterre et les Armées alliées contre la France pendant le 1er Empire. Exemplaire en grand papier orné de 54 pl. en couleur.

431. **Martin** (Alexandre). Manuel de l'Amateur d'huîtres. *Paris, Audot*, 1828, in-18, dem.-rel. toile, ébarbé.

    Frontispice colorié par Henry Monnier.

432. **Militairiana.** Suite de un titre et 20 lithographies in-4 cart.

    Epreuves coloriées.

433. **Monnier** (Henry). Jadis et Aujourd'hui, 16 p. — Scène de jour. Les Péchés capitaux, 12 p. de deux sujets à la feuille. — Les Grisettes, 6 p. en larg., ensemble trente-quatre lithographies in-4 obl. cart.

    Epreuves en noir, grandes marges.

434. **Montorgueil** (Georges). Croquis parisiens. Les plaisirs du Dimanche à travers les rues. Illustrations par Gervais-Courtellemont. *Paris, Quantin*, s. d., in-fol., cart. de l'Editeur.

    Tirage à 250 exemplaires (n° 239).

435. **Morin** (Edmond). Ces bons Parisiens. Suite de 20 lithographies in-4 cart.

    Cartonnage de l'éditeur.

LIVRES et RECUEILS

436. **Orléans** (Famille d'). Recueil contenant un dessin et 32 gravures et lithographies par Ferdinand d'Orléans, le Prince de Joinville, les Princesses Marie et Clémentine, le tout réuni en 1 vol. in-fol. obl., dem.-maroq. bl., av. coins.

    Précieuse réunion de pièces gravées et lithographiées, la plus grande partie sur papier de Chine ou en épreuves d'artistes. Recueil très rare.

437. **Orme** (Edward). Essais sur les gravures transparentes et sur les " transparents " en général. *Londres, chez l'Auteur*, 1807, gr. in-4, fig., texte anglais et français, cart.

    Ouvrage orné d'une vingtaine de gravures en noir et en couleur.

438. **Paris** (Vues de). Vues des plus beaux édifices publics et particuliers de la Ville de Paris ; in-4 obl., dem.-rel. v.

    Titre-frontispice et 88 planches gravées a la manière de lavis par Janinet et Chapuis, d'après Durand, Garbizza, Toussaint et Mapillé.

439. **Paris au XIX⁰ siècle**. Recueil de Scènes de la vie parisienne, dessinées d'après nature par Victor Adam, Gavarni, Daumier, Bouchot, Bourdet, Ciceri, Pruche, Le Poitevin, Provost, Lorentz, Riga, Célestin Nanteuil, Deveria, Traviès, etc. 48 dessins et 200 vignettes sur bois avec texte descriptif, par Albéric Second, Burat de Grugy, Jaime, Emile Pagès, Roger de Beauvoir, etc. *Paris, Beauger et Cie*, 1839, in-4, rel. v. vert, ébarbé.

    Superbe exemplaire bien complet et avec les grandes lithographies coloriées. Très rare.

440. **Paris-Comique**. Revue amusante des caractères, mœurs, modes, folies, ridicules, etc , ornée de dessins comiques par Bouchot, Daumier, Gavarni, Grandville. *Paris, Aubert*, s. d., gr. in-4, fig., cart. non rog.

    Bel exemplaire orné de vingt lithographies coloriées (légères restaurations).

441. **Pepper** (Captain). Written caricatures a sketch of peripatetic philosophy from hinst in the Paris Charivari, with

LIVRES et RECUEILS

numerous illustrations by Leech. *London, Chapman and Hall*, 1841, in-18 br., ébarbé.

Nombreuses gravures sur bois.

442. **Pernot** (F.-A.). Le Vieux Paris, reproduction des monuments qui n'existent plus dans la capitale, lithographiés par Nouveaux et Asselineau. *Paris, Jeanne et Dero-Becker*, 1838-1839, in-fol. cart.

Ouvrage orné de quatre-vingts lithographies. (Légères mouillures).

443. **Pernot** (F.-A.). Vues pittoresques de l'Ecosse, dessinées d'après nature par F.-A. Pernot, lithographiées par Bonington, David, Deroi, Enfantin, Francia, Goblain, Harding, Joli, Sabatier, Villeneuve, etc., orné de douze vignettes d'après les dessins de Delaroche jeune et Eugène Lami. *Paris, Ch. Gosselin*, 1826, demi-rel. cuir de Russie, avec coins.

Très rare exemplaire sur papier de Chine.

444. **Petit** (M.). Histoire de la Révolution de 1830, ornée de quarante lithographies avec portraits du Roi, des Princes et des principaux personnages, dessinés et lithographiés d'après nature. *Paris, chez l'Auteur*, 1830, in-fol.

Cartonnage de l'éditeur, avec couverture conservée.

445. **Philippon.** Musée ou Magasin comique, contenant près de 800 dessins par Cham, Daumier, Dollet, Gavarni, Lami, Trimolet et autres. *Paris, Aubert*, s. d., in-4, cart.

Cartonnage de l'éditeur.

446. **Piedagnel** (Alexandre). J.-F. Millet. Souvenirs de Barbizon, avec un portrait et neuf eaux-fortes. *Paris, V° Cadart*, 1876, gr. in-8 br.

447. **Pigal.** Vie d'un gamin, en douze chapitres. *A Paris, chez*

LIVRES et RECUEILS

Gihault, s. d., suite de douze lithographies in-4 en larg., cart. de l'éditeur.

Belles épreuves coloriées.

448. **Real Life in London** or the rambles and adventures of Bob Tallyho, esq. *London, Published by Jones and C°*, 1821, 2 vol. pet. in-8, cart., n. rog.

Nombreuses illustrations en couleurs.

449. **Rhin** (Le). A Picturesque Tour along the Rhine from Mentz to Cologne, with illustrations of the scènes of remarkable events, and of popular traditions, by Baron J.-J von Gerning, *London, Ackermann,* 1820, in-4, rel. v.

Ouvrage orné d'une carte et de 24 planches en couleurs.

450 **Robinson Crusoé**. Collection de cent cinquante gravures, représentant les voyages et aventures surprenantes de Robinson Crusoé, dessinées et gravées par F. A. L. Dumoulin à Vevey. *Chez Blanchard, Libraire à Vevey*, petit in-4, demi-rel. v.

Belles épreuves.

451. **Saint-Petersburgh** (A Picture of), represented in a collection of Twenty interesting Wiews of the City, the Sledges, and the People. Taken on the spot, at the twelve different months of the year. *London, Edw. Orme, s. d.*, in-fol., rel. maroq. gr., éb.

Exemplaire contenant vingt planches coloriées de voitures, attelages, etc. et 11 pièces d'essai dont une inédite.

452. **Salnove**. La Vènerie Royale, divisée en quatre parties, qui contiennent les chasses au cerf, du lièvre, du chevreuil, du sanglier, du loup et du renard. Avec le dénombrement des forêts et grands buissons de France, etc. *A Paris, chez Antoine de Sommaville*, 1665, in-4, front., v. fauve, t. d.

Bel exemplaire.

453. **Scheffer** (J.). Ce qu'on dit et ce qu'on pense. Suite de

LIVRES et RECUEILS

douze lithographies in-4, en larg., demi-rel. maroq. bl.

Belles épreuves coloriées, numérotées de 1 à 12.

454. **Sherer** (John). Rural Life, described and illustrated, in the management of Horses, Dogs, Cattle, Sheep, Pigs, Poultry, etc., etc. With authentic information on all that relates to modern Farming, Gardening, Shooting, Anglind, etc., illustrated with upwards of one hundred steel engravings. 5 vol. gr. in-8, cart. toile de l'éditeur.

Nombreuses planches de sport.

455. **Smith** (Albert). The Struggles and Adventures of Christopher Tadpole at Home and Abroad. Illustrated by Leech. *London, Willoughby and C°*, in-8, cart. de l'éditeur.

Nombreuses eaux-fortes et illustrations dans le texte.

456. **Sporting** (The Annals of) and fancy gazette; a magazine entirely appropriated to sporting subjects and fancy pursuits, etc. *London, Sherwood and C°*, 1822, 2 vol. in-8, fig., rel. v. grenat, av. coins.

Recueil très rare, contenant 22 planches en couleur par Alken, Cruikshank et autres, représentant des chasses, courses et scènes de boxe.

457. **Sports** (Forcing field). Fisheries, sporting anecdotes, etc., containing fifty plates, beautifully coloured from the original Drawings, by Howitt, Atkinson, Clark, Manskirch, etc. *London, Gilling*, 1813. gr. in-4 mar. v., tr. d.

Bel exemplaire orné de cinquante belles planches en couleur de scènes de chasse.

458. **Swebach**. Encyclopédie pittoresque, ou suite de compositions, caprices et études, etc. *Paris, chez l'auteur, s. d.* (1805). 4 vol. in-4, demi-rel. v. vert.

Ouvrage contenant 307 planches.

459. **Syntax** (Dr) The Wars of Wellington in fifteen cantos, embellished with six engravings coloured from the origi-

LIVRES et RECUEILS

nal paintings. *London, Gilling,* 1821, in-4, demi-rel. veau vert, avec coins, tr. dor.

Bel exemplaire contenant six planches coloriées.

460. **Taureaux** (Courses de). Collection des principaux événements d'une course de taureaux en Espagne. Suite de douze planches. *A Paris, chez Mondhare, s. d.*, in-4 en larg., br.

Belles épreuves.

461. **Théâtre.** Costumes de tous les théâtres de Paris, publiés par Vizentini. Reproduction exacte des costumes des acteurs dans toutes les pièces représentées avec succès. Réunion de 370 lithographies réunies en 2 vol. in-8, demi-rel. v. rouge.

Epreuves coloriées.

462. **Traité** médico-gastronomique sur les indigestions. Ouvrage posthume de feu Dardanus. *Paris, Audot,* 1828, in-18 br., couverture.

Figure coloriée de Henry Monnier.

463. **Vatout** (M. J.). Histoire lithographiée du Palais-Royal, dédiée au Roi, publiée par M. J. Vatout, premier bibliothécaire du Roi. *Imprimé par Ch. Motte, s. d.,* in-fol., demi-rel. maroq. bl., avec coins, ébarbé.

Très belles épreuves coloriées. Exemplaire bien conservé.

464. **Willyams** (Rev. C.). A Selection of views, in Egypt, Palestine, Rhodes, Italy, Minorca, and Gibraltar. *London, John Hearne,* 1822, pet. in-fol., demi-rel. veau, av. coins, tr d.

Ouvrage orné de 34 planches coloriées.

GRANDE IMPRIMERIE DU CENTRE. — HERBIN, MONTLUÇON

Dupont En tête, 3/4 à droite,
~~l'air gai,~~ col droit ouvert, gilet
~~gilet blanc,~~ habit noir — la
raie gauche de la tête, les che-
veux assez longs faisant des
~~boucles à gauche~~

www.ingramcontent.com/pod-product-compliance
Lightning Source LLC
LaVergne TN
LVHW051456090426
835512LV00010B/2165